Desatando el nuevo sonido de

Gloria

para esta temporada

· Salmistas · Alabanza · Adoración · Gloria · Profetas

APÓSTOL DR. PEDRO RAFAEL OSORIO

Desatando el nuevo sonido de gloria para esta temporada

Volumen I: Edición I 2018

ISBN: 978-0-9841009-3-4

Contenido

Dedicatoria

Dedico este libro a la memoria de mi querido tío ya con el Señor el profesor Eliecer Osorio Ortiz. Mi tío fue uno de mis maestros y mentores en la música. Me dio mis primeras clases de teoría musical, piano y también me enseñó a tocar clarinete.

Él estudió música en la Universidad de Puerto Rico y fue maestro de música (coro) en el sistema escolar de Puerto Rico. Fue organista y director del coro de la Iglesia Bautista de Canóvanas y de la Iglesia Bautista de Rio Grande por muchos años. Fundó su propia academia de música donde enseñaba piano, guitarra y mandolina. Pudo enseñar a muchos niños y jóvenes de los cuales muchos llegaron a ser músicos de diferentes iglesias inclusive formando sus propios grupos musicales. Se distinguió por ser maestro de música en muchas escuelas de verano en los cuales ministerio a cientos de niños. A lo largo de su ministerio también ofreció talleres de capacitación a pastores, líderes de música, niños y jóvenes. Fue compositor de himnos y cánticos de música autóctona. Es el compositor del himno oficial de su pueblo de Rio Grande.

Tío siempre amó a Dios, la iglesia y la música. Para él, ser maestro de música era más que una profesión, era su vocación y su llamado. El dinero nunca fue la razón de sus gestiones, pero sí, su pasión por adorar a Dios a través de la música. Su vocación y ministerio lo llevó a cabo por muchos años, tanto en los tiempos críticos como en los de bonanza.

Para mí fue siempre una inspiración, su dedicación, su habilidad, su compromiso con la iglesia y el ministerio musical. Siempre me alentó a estudiar la música y a superarme. Cuando pudo grabar un disco con el coro que dirigía, nos dio espacio en el disco para grabar dos himnos al grupo musical cristiano del cual mi hermano y yo éramos parte. Dándonos esa única experiencia de grabar y sin costo alguno. Él era un mentor que gustaba de impulsar aquellos que él sabía que tenían habilidad y llamado.

Además, él era una persona sumamente alegre, contenta, jocosa que disfrutaba lo que hacía. Junto a él pasé mucho tiempo, no sólo de aprendizaje, pero de diversión. Era un fanático del béisbol al igual que yo, y le gustaba comer mucho y por eso cada vez que estaba con él, mi hermano y yo sabíamos que en algún momento íbamos a comer lo que realmente nos gustaba.

Gracias tío por tu ministerio y gracias a Dios por tu vida. Tu trabajo no ha sido en vano porque todo lo que he podido hacer en el ministerio de adoración, en la música profesional y espiritual tú has sido parte clave, así que tu ministerio sigue activo. Así como recibí de ti, he hecho con mis hijos también.

No lo pudiste ver, pero mi segundo hijo siguió el campo de la música y pudo graduarse de Berkley Music School de Boston. Sé que lo hubieras disfrutado un montón y te hubieras sentido muy orgulloso. De paso, mis nietas ya muestran habilidad y pasión por la música. Creo que el don musical que Dios nos dio se seguirá extendiendo a nuestras próximas generaciones, para gloria de Dios. Amén.

Dr. Apóstol Rafael Osorio Díaz
Otoño 2017
Springfield, Ma. E.U.

Introducción

Esta serie de conferencias acerca del área de adoración surgió como parte de un curso que ofrecí al equipo de adoración y ministerio de danza de la Iglesia Apostólica Renovación en Río Grande, Puerto Rico, donde ejerzo como apóstol y pastor principal. Pero, teniendo en mente a los demás equipos de adoración y ministerios de danza y artes cristiano de las iglesias que pertenecen a RIAR (Red Internacional Apostólica Renovación) creo que el próximo mover de gloria que viene a las iglesias en este tiempo, la adoración y lo profético, (por ende, los salmistas y profetas) jugarán un papel vital.

El enfoque de este libro no es la parte práctica o como mejorar la ejecución de los instrumentos y voces. El cual es importante y clave para el progreso del ministerio de adoración, en cambio el enfoque está en la parte espiritual del ministerio. Toda la enseñanza de este libro es pertinente a todo creyente, aunque no sean salmistas, músicos o profetas porque todos los creyentes somos llamados a adorar y exaltar al Señor. Pero a la vez tiene secciones de manera intencional para los salmistas y músicos.

Creo que la alabanza y adoración junto a la intercesión profética liberarán las condiciones para que la gloria del Señor que viene se desate. Pero creo que eso no sucederá de forma automática, necesitamos revelación, enseñanza, modelaje y acción en la dimensión de alabanza y adoración. La ignorancia nos atrasa, pero la revelación nos impulsa. El nuevo sonido de esta temporada está principalmente en manos de los adoradores y profetas. Fue por ésto que decidí dar estas enseñanzas para provocar inquietud, reto, hambre, confrontación, conocimiento y a buscar más de Dios y su gloria.

Alguien dijo que el enemigo mayor de la gloria que viene es la gloria que se está viviendo. Nuestra tendencia es quedarnos cómodos en lo que conocemos y dominamos, sobre todo en lo que estamos teniendo éxito. Lo que puede significar al final quedarnos estancados y aun retrocediendo.

Mis conferencias están basadas primero en los más de 40 años como pastor y apóstol, pero también como salmista del Señor. Siendo músico en la iglesia desde los 12 años, dirigiendo grupos musicales, bandas, coro y director de alabanza mientras pastoreaba en IAR Springfield por casi 10 años.

De igual forma estas conferencias están basadas en primer lugar en las escrituras, y luego en algunas lecturas y libros que tratan sobre este tema.

En nuestra experiencia de todos estos años hemos visto la crisis que hay en nuestras reuniones de alabanza. Vemos como somos débiles en nuestras expresiones de alabanza al Señor como congregación. De igual forma se nota nuestras incapacidades para poder adorar al Señor íntimamente. La prisa en nuestras reuniones cancela toda oportunidad de una visitación de la gloria del Señor. De manera que a veces tenemos reuniones de dos a cuatro horas y lo menos que hemos hecho es alabar y adorar al Señor.

Ciertamente fuimos creados para alabar a Dios. Nuestro primer propósito en la vida es vivir una vida que glorifique a Dios. Según declara Isaías 43:21 "Este pueblo he creado para mí; mis alabanzas publicará" y el Salmo 150:6 "Todo lo que respira alabe a Jehová. "Juan tuvo un vislumbre de la adoración celestial según relata Apocalipsis 19:5-6 Y salió del trono una voz que decía: **Alabad a nuestro Dios todos sus siervos**, y los que le teméis, así pequeños como grandes. Y oí como la voz de una gran multitud, como el estruendo de muchas aguas, y como la voz de grandes truenos, que decía:

¡Aleluya, porque el Señor nuestro Dios Todopoderoso reina!

El texto dice que del trono se dio la orden a todos los siervos que alabaran a Dios. El cielo es un lugar de alabanza, la tierra es el lugar de práctica. El texto dice que todos los siervos, grandes y pequeños, sin excepción fueron llamados a alabar a Dios. Con educación, títulos, o sin ellos, con dinero o sin dinero, todos debemos alabar a Dios. Si fuiste creado, si respiras, si estás vivo, fuiste creado para publicar las alabanzas del Señor. Ese es tu primer llamado en la vida, la orden fue dada y está activa, no importa en qué posición estés en el santuario, en el altar, o en la parte de atrás; fuiste creado para alabar a Dios.

Este tema es pertinente porque por otro lado se necesita que los músicos y cantantes transicionen a ser salmistas del Señor. Hemos avanzado porque ya tenemos equipos de adoración, que se reúnen de manera sistemática para ensayar y orar. El nivel de calidad de música y la interpretación en nuestras iglesias ha subido a su nivel óptimo, que no tiene nada que envidiar a los músicos del mundo.

De dos cosas tenemos que cuidarnos al menos: En primer lugar, que los cultos no se conviertan en conciertos de música excelente, donde la congregación se sienta a oír la música, pero reduciendo su rol a ser espectadores en vez de ser parte vital del tiempo de adoración. No hay nada malo en disfrutar buena música, el peligro es quedarnos en ese nivel y creer que es la razón por la cual nos congregamos. Porque siempre podemos cantar, pero cantar no es sinónimo automático de adorar.

En segundo lugar, debemos cuidarnos de que los músicos se queden al nivel del "performance" (ejecución profesional) sobre todo por el éxito que tienen en esa dirección. Y en base a eso sacrifiquemos o pasemos por alto el carácter, madurez, la unción y vida espiritual del músico y cantante cristiano. Cuidarnos que los músicos y cantantes pongan todo su énfasis en tocar o ejecutar bien pero no el mismo énfasis en ser adoradores en espíritu y en verdad. Vemos entonces talento y "carne" a la misma vez, donde es posible que haya alabanza de labios, pero el corazón lejos del Señor.

Recordemos que la hora viene cuando los verdaderos adoradores adorarán al Padre en espíritu y en verdad. Verdaderos adoradores, de corazón, no de labios, no en forma mecánica, No pasemos por alto que el Padre tales adoradores busca que le adoren. Esta búsqueda sigue en pie para los creyentes del hoy. Muchos solo se acercan al Padre porque tienen necesidad, pero otros aun no teniendo necesidad, se acercan al Él, para adorarle. Es necesario una adoración que incluya todo nuestro ser, pero que nazca en nuestro interior.

Este manual incluye siete conferencias: dos sobre alabanza, dos sobre adoración, dos sobre el ámbito de gloria y una sobre el carácter del salmista. Las mismas no pretenden decir todo sobre cada área, pero si un sincero intento de que podamos movernos en la dirección correcta creyendo que la gloria postrera será mayor que las anteriores.

SECCIÓN I

Alabanza

Alabadle por sus proezas;
Alabadle conforme a la
muchedumbre de su grandeza.
Salmo 150:2

Entrad por sus puertas con
acción de gracias,
Por sus atrios con alabanza;
Alabadle,
bendecid su nombre.
Salmo 110:4

1 La dimensión de alabanza

El primer nivel que vamos a estudiar es la dimensión de la alabanza. Comencemos definiendo lo que entendemos por alabanza. Podemos definir alabanza como:

> El acto intencional en el cual reconocemos que Dios es el autor de toda bendición que hemos recibido y por el cual expresamos gratitud a Él por todos esos beneficios, misericordias y bienes hacia nosotros.

> El acto en el cual engrandecemos el nombre del Dios Trino y celebramos sus poderosas obras a través de diferentes formas visibles, audibles y medibles.

David, en el Salmo 103: 3- 6, enumera al menos siete beneficios por lo cual se exhorta asimismo a alabar al Señor. Entre estos están: Salvación, sanidad, liberación, protección, provisión, renovación y justicia. Es igual para todos nosotros, sin excepción.

Vemos que David no dio gracias genéricamente, pero de forma específica. Solo los agradecidos pueden alabar a Dios. Solo aquellos que son conscientes que son receptores de la gracia, misericordia y amor de Dios lo alabarán. Solo aquellos que no se les olvida los beneficios de Dios, que no tienen memoria corta, no tendrán problemas en alabarle libremente.

Algunos somos expertos en pedirle al Señor su ayuda y provisión, pero no tenemos la misma disposición e intencionalidad de darle gracias al Señor cuando reciben el favor divino. Por eso David se habla asimismo y dice: "Alma mía alaba a Jehová y no olvides ninguno de sus beneficios." Porque el ser humano tiende a padecer de ese mal.

Esto fue lo que pasó con los diez leprosos que salieron al encuentro de Jesús. Ellos suplicaron la misericordia del Señor, con voz fuerte y decidida. El pasaje dice que mientras iban al ver al sacerdote siguiendo las instrucciones que Jesús les dio fueron sanados. Pero solo uno al ver que había sido sanado tomó tiempo para volver sobre sus pasos a ver Jesús, con la única intención de darle gracia por su sanidad. Jesús preguntó ¿No fueron diez los sanados y los otros dónde están? Solos los agradecidos fluirán en la alabanza no necesariamente los pedigüeños.

Por eso la iglesia se reúne cada domingo para de manera corporativa e intencional para alabar a Dios y dar gracias por todos sus beneficios. Me preocupa los que llegan tarde a los cultos, que no participan del tiempo de alabanza, y solo están pendiente de la palabra y la ministración. Todos, en cierto sentido, somos como los diez leprosos, hemos sido sanados y liberados, por lo tanto, no debemos ser como los nueve de ellos. Debemos ser intencionales en nuestra alabanza al Señor.

Alabanza es nuestro primer ministerio

Esta es la verdad que expone Isaías 43:21: "Este pueblo he creado para mí y mis alabanzas publicará." Ya vimos este principio en la introducción. Nuestro primer ministerio no es hacia los demás, pero para Dios. Fuimos creados para alabar a Dios y exaltar su nombre con nuestras palabras y nuestros actos. No todos seremos predicadores, pastores o profetas, pero todos estamos llamados a ser adoradores. Porque si estamos vivos y respirando entonces cualificamos para alabar a Dios, pues todo lo que respire alabe a Dios. Dios está buscando verdaderos adoradores. ¡Déjate encontrar! Cumple con tu llamado. Nadie se puede excusar del mismo.

Cada vez que el pueblo de Dios se reúne para adorarle, tienes una gran oportunidad de cumplir con el primer llamado para tu vida. Cada vez que eres bendecido con la llegada de un nuevo día, tienes la oportunidad de ejercer tu primer llamado en tu vida: publicar las alabanzas del Señor, con tus labios y con tu estilo de vida. Es un honor entender que Dios me creo en primer lugar para tener comunión con él, y un privilegio poder publicar alabanzas para él. Mientras muchos se quejan y están insatisfechos con su vida, nosotros podemos exaltar su nombre.

Este llamado de alabar y dar gracias al Dios Trino lo vemos claro a través de las escrituras, en especial en los salmos.

> Engrandeced a Jehová conmigo, y exaltemos a una su nombre. (Salmo 34:3)

> Las misericordias de Jehová cantaré perpetuamente; de generación en generación haré notoria tu fidelidad con mi boca. (Salmo 89:1)

> Bendice, alma mía, a Jehová, y no olvides ninguno de sus beneficios. (Salmo 103:2)

> Alabadle por sus proezas; alabadle conforme a la muchedumbre de su grandeza. (Salmo 150:2)

Otros datos importantes sobre la dimensión de alabanza:

A. Alabanza es puerta y conexión

> Entrad por sus puertas con acción de gracias, por sus atrios con alabanza; alabadle, bendecid su nombre. (Salmo 100:4)

Alabanza antecede a la adoración y la manifestación de la gloria. Para poder profundizar en el nivel de adoración debemos haber conquistado primero el nivel de la alabanza. Según el Salmo 100, la alabanza va primero porque la alabanza es puerta, es entrada a la presencia de Dios.

La alabanza es entrada a nuestra experiencia de comunión e intimidad con la presencia de Dios. Es el nivel de los atrios, antes de poder llegar al lugar santo, tenemos que entrar a los atrios. Si obvias la dimensión de alabanza es casi imposible que profundices en la presencia de Dios y puedas avanzar al nivel de adoración y gloria. Porque alabanza va primero, es puerta, pero también es conexión con el **progreso** de la presencia y manifestación de Dios en medio de la reunión. Alabanza te conecta con adoración. Vea el patrón y secuencia en el Salmo 95. En los versículos 1-3 vemos el nivel de alabanza.

Venid, aclamemos alegremente a Jehová;
> Cantemos con júbilo a la roca de nuestra salvación. Lleguemos ante su presencia con alabanza; aclamémosle con cánticos. Porque Jehová es Dios grande, Y Rey grande sobre todos los dioses...

En el verso 6 vemos que se da una transición, un progreso en la intensidad de la alabanza, ahora nos invita a entrar al nivel de adoración.

Venid, adoremos y postrémonos;
Arrodillémonos   delante   de   Jehová   nuestro
Hacedor.

La primera invitación es a la alabanza, a la gratitud, a la celebración, a la alegría, al cántico de júbilo, a la aclamación (gritos). La segunda invitación es a la adoración; entrega, arrodillarnos y postrarnos delante de Él. Siendo que alabanza es puerta y conexión debemos iniciar nuestras reuniones con cánticos de alabanza y celebración (según la definición) y no deberíamos iniciarla con cánticos de meditación, o de ministración. Me refiero aquellos cánticos donde comenzamos a pedirle a Dios que nos ayude, nos sane, nos liberte y nos bendiga.

Estos cánticos tendrán su lugar, pero no es apropiado iniciar nuestras reuniones con ellos. Es con cánticos de alabanza que debemos iniciar para que se establezca primero el espíritu de celebración y victoria en la casa. Antes de pedir al Señor que nos ministre, primero deberíamos tomar tiempo intencional para darle gracias. Escuché tiempo atrás la historia de un pastor que siempre iniciaba los cultos los domingos reprendiendo demonios y rompiendo maldiciones. Cada domingo la atmósfera era más pesada y difícil, luego que reprendían la cosa mejoraba. Pasado un tiempo le preguntó al Señor porque esa lucha cada domingo al inicio. El Señor le contestó que el inicio de su culto era una adoración y reconocimiento de los demonios. En vez de exaltar el nombre del Señor, se reconocía primero el poder de los demonios. Y aunque se tenían que ir, volvían más y más cada domingo para disfrutar de ese tiempo de reconocimiento. La reunión se inicia con alabanza, acción de gracias y celebración.

Los hijos de la casa, líderes, y por supuesto los salmistas deben llegar a la casa del Señor ya con el espíritu y la actitud correcta. ¿Cómo podemos pedirles a otros que entren a celebrar, si nosotros mismos no hemos entrado? La razón por la cual muchos no reciben la palabra ni todo lo que el Señor quiere hacer en la reunión, es porque no entran en la dimensión de alabanza.

¿Cómo es posible que nos quedemos de espectadores o indiferentes en la reunión mientras otros danzan, gritan, celebran y dan gracias a Dios por sus bondades? ¿O somos orgullosos o somos ignorantes?, quizás las dos cosas. La alabanza es puerta, entonces no te quedes frente a la entrada, entra. Cuanta gente físicamente entraron por las puertas del templo, pero por las puertas de la alabanza. Rostros serios, indiferentes, distraídos y hasta molestos.

¡Hay gente que viene al templo y le molesta la alabanza! Son como los sacerdotes que le dijeron al Señor que mandara a callar aquellos que lo reconocían como hijo de David y Mesías. El Señor le dijo: si estos callan, entonces las piedras tomarían su lugar, pero la alabanza no la para nadie. Hay muchos que vienen descuidadamente a la presencia del Señor, y esperan que sean los salmistas con sus canticos y palabras que lo motiven, y lo reten alabar a Dios. Cristianos que entran por las puertas, pero hay que convencerlos en el tiempo de alabanza de que alaben al Señor. Hay que rogarles que alcen sus manos, que aplaudan, que dancen, que canten, por amor a Dios. Si vamos a entrar, entra con alabanza, con acción de gracias, no con boca cerrada, con quejas, amargura, indiferencia, o cansancio.

B. La alabanza trae rompimiento.
Cuando no empezamos nuestras reuniones apropiadamente, muchas veces, la reunión es pesada, no avanza ni progresa. La alabanza tiene que ir primero porque la alabanza cambia los ambientes pesados y muertos. La alabanza rompe los hechizos de las brujas lanzados en la

madrugada contra la iglesia y a los siervos del Señor.

La alabanza prepara el ambiente para la manifestación de la presencia del Señor en medio de la reunión. No demos por hecho la manifestación de la presencia del Señor en las reuniones. ¿Por qué ha de manifestarse donde Él no es reconocido ni celebrado?

Recordemos la verdad del Salmo 22:3:
> "Tu habitas en medio de la alabanza de tu pueblo."

Habitar es más que visitar. Habla de habitación, establecerse, quedarse, tomar dominio. La alabanza del pueblo que ama al Señor y lo celebra viene a ser habitación para él. Esto es clave y poderoso porque es cuando se desata su presencia, que se manifestará la unción que pudre yugos, lo profético, milagros, sanidades, liberación y obviamente salvación. Muchos de nuestras reuniones son secas, muertas, estériles, predecibles, rutinarias, y litúrgicas, porque la debilidad en la alabanza limita la manifestación de la verdad del Salmo 22:3.

Un ejemplo en las escrituras que muestra lo que pasa cuando Dios habita en medio de la alabanza de su pueblo está en el Salmo 149:1-4

> Cantad a Jehová cántico nuevo; su alabanza sea en la congregación de los santos. Alégrese Israel en su Hacedor; los hijos de Sion se gocen en su Rey. Alaben su nombre con danza; con pandero y arpa a él canten. Porque Jehová tiene contentamiento en su pueblo; hermoseará a los humildes con la salvación. (Salmo 149:1-4)

Número uno: Se exhorta que el pueblo llegue con alabanza y celebración delante de Dios.

El texto dice: **"su alabanza sea"** en medio de la congregación de los santos. Lo que debe permear la reunión es la alabanza. No los comentarios superfluos, irrelevantes, de chisme, murmuración y hasta carnales. En medio significa que es el centro de la atención, lo más importante, lo primordial, y no lo periférico o añadido. La orden es llegar alegres, con la actitud de una fiesta, a gozarnos en Él. Con cánticos, con instrumentos y con danza. Si usted leyó bien: con danza.

Número dos: Debido a la manifestación de la alabanza, Dios se hace presente en la reunión.

El texto dice "Dios tiene contentamiento con su pueblo." Él se une a la fiesta y celebración. Dios es un Dios que quiere cantar con nosotros según Salmo 32:7:

> Tú eres mi refugio; me guardarás de la angustia;
> Con cánticos de liberación me rodearás.

O como dice Sofonías 3:17 que el Señor danzará, se gozará y cantará sobre nosotros. Él tiene parte activa en el tiempo de alabanza y celebración. ¡Aleluya!, la fiesta de la iglesia es también la fiesta del cielo.

> Jehová está en medio de ti, poderoso, él salvará; se gozará sobre ti con alegría, callará de amor, se regocijará sobre ti con cánticos. (Sofonías 3:17)

Vemos que el texto dice su alabanza sea en medio de la congregación, pero Sofonías nos dice que ahora Jehová se posicionará en medio de nosotros. En el lugar de mando, de autoridad, de influencia, de acceso, visible.

Número tres: Dios hermosea a los humildes allí congregados con salvación.

Hay resultados poderosos en medio de la reunión porque se manifiesta la presencia de Dios. Hermosear es sinónimo de bendición, favor y gracia. Vemos que Sofonías nos dice que entonces Dios traerá salvación y el Salmo 32:7 nos dice que el vendrá con liberación. Hermosear, salvación y liberación.

Humildes: se refiere aquí a los adoradores, porque el orgulloso, el prepotente, o egocéntrico, tienen problemas para adorar a Dios, y reconocer que nada somos sin Él, y nada podemos hacer sin Dios. Vea el Salmo 100:3

> Reconoced que Jehová es Dios; Él nos hizo, y no nosotros a nosotros mismos; Pueblo suyo somos, y ovejas de su prado.

Salvación es un término integral que va más allá de perdón de pecados, tiene que ver bendición en lo espiritual, físico y material y económico. Si queremos ver el poder de Dios en acción entremos con alabanza.

C. La alabanza tiene una dimensión de celebración y victoria

Ya hemos visto como el elemento de celebración y fiesta está ligado a la alabanza. Recordemos que nuestro Dios es un Dios de celebración y sus hijos deben también cultivar el espíritu de celebración. Por eso la alabanza incluye alegría, risas, gritos, aplausos, música y danza. Por eso las letras de los himnos tienen que ser de celebración y victoria.

A veces hay reuniones que parecen un culto funeral en vez de una celebración. Caras largas, enfermizas, disgustadas, soñolientas, y cansadas. A su vez cantamos himnos que hablan de lo cansado que estamos del camino, que no podemos con la cruz, que no sabemos a dónde vamos. Señores, la reunión es una convocación de celebración, fiesta y victoria. El Espíritu de la reunión es de regocijo, cánticos, voces de júbilo, gritos aclamación, palmadas y danza. Ésto no tiene nada que ver con etnicidad o con pentecostalismo. Es el modelo bíblico. Aplica a los caribeños, asiáticos y anglos por igual. Aplica a bautistas, metodistas y carismáticos. Aplica a gente de posición, intelectuales, de gobierno, ricos, educados. De igual forma aplica a los indoctos, sin títulos, pobres, de clase media, obreros o desempleados.

¿Acaso no es eso lo que dice Isaías 12:6? La orden es de doble gozo, y que los cánticos tengan como letra exaltar al que está en medio de nosotros: El grande y el Santo de Israel.

> Regocíjate y canta, oh moradora de Sion; porque grande es en medio de ti el Santo de Israel. (Isaías 12:6)

¿Acaso no es eso lo que dice Sofonías 3:14? Nos ordena a cantar con voces de júbilo, y de victoria. Fuera la depresión y los cánticos almáticas.

> Canta, oh hija de Sion; da voces de júbilo, oh Israel; gózate y regocíjate de todo corazón, hija de Jerusalén. (Sofonías 3:14)

Hechos 3:6-9

Eso fue lo que pasó en la reunión de oración donde iban Pedro y Juan a la hora novena. La sanidad del cojo (que estaba sentado a la entrada del templo) provocó una gran fiesta de celebración que hubo que ajustar la reunión de oración a una de alabanza.

> Y saltando, se puso en pie y anduvo; y entró con ellos en el templo, andando, y saltando, y alabando a Dios. Y todo el pueblo le vio andar y alabar a Dios. (Hechos 3: 8-9)

El ex cojo saltó, anduvo afuera y en el templo, alabando con gran voz al Señor. Luego Pedro predica y tres mil vidas se convirtieron. ¿Acaso no hay un patrón ahí? Alabanza es puerta, es rompimiento y provocará que la palabra sea predicada con unción y que haya respuesta a la misma. Se acabaron los cultos lánguidos, monótonos y fúnebres y sin resultados. El poder de Dios manifestado provocará milagros, salvación y victoria.

La iglesia primitiva cambio el día de reunión en el templo de sábado a domingo, para recordar la victoria de Cristo sobre la muerte y el pecado. Así que cada domingo es día de celebración, porque recordamos la victoria de Cristo que ahora viene a ser nuestra victoria. Cada vez que te preparas para la reunión del domingo recuerda que vas para una fiesta a celebrar la victoria de Cristo en nosotros. Gracias a Dios que nos da la victoria en Cristo.

¿Dónde está, oh muerte, tu aguijón? ¿Dónde, oh sepulcro, tu victoria? Ya que el aguijón de la muerte es el pecado, y el poder del pecado, la ley. Mas gracias sean dadas a Dios, que **nos da la victoria** por medio de nuestro Señor Jesucristo. (1Corintios 15:55-57)

D. La alabanza tiene una dimensión de guerra espiritual

La alabanza es arma espiritual, es un misil poderoso que derrumba fortalezas del enemigo. Va más allá de la celebración. Muchos no creen hoy en la guerra espiritual, pero la realidad es que está ahí. 2 Corintios 10:4 dice que el Señor nos ha dado armas espirituales para la destrucción de fortalezas. La alabanza es una de ellas.

> Porque las armas de nuestra milicia no son carnales, sino poderosas en Dios para la destrucción de fortalezas... (2 Corintios 10:4)

Cuando fallamos en alabar al Señor como el merece, inactivamos el arma espiritual de la alabanza. El enemigo se opone a la alabanza a Dios, de hecho, la codicia para Él. Él sabe que hay un poder en la boca de los santos, hay poder cuando un profeta adora y profetiza, cuando un salmista toca su instrumento y profetiza, cuando abre su boca para cantar del poder del Señor. Cielos se abren y enemigos huyen. Atmósferas cambian. ¿Acaso no es esa la verdad del salmo 149:6-9?

> Exalten a Dios con sus gargantas, y espadas de dos filos en sus manos, para ejecutar venganza entre las naciones, y castigo entre los pueblos; para aprisionar a sus reyes con grillos, y a sus nobles con cadenas de hierro; para ejecutar en ellos el juicio decretado; gloria será esto para todos sus santos. ¡Aleluya!

Cuando exaltamos a Dios con nuestras gargantas esa alabanza se convierte en espada de dos filos que trae venganza y juicio, que aprisiona potestades espirituales con grillos y cadenas. Alabanza detiene y limita el poder y plan del enemigo. A veces la mejor forma de hacer guerra espiritual es alabando y exaltando a Dios.

Recordemos a Pablo y Silas en el calabozo de Filipo, ellos usaron la oración (intercesión profética) y la alabanza para provocar el terremoto y su liberación. Sonido doble, unción doble. Doble armas.

> Pero a medianoche, orando Pablo y Silas, cantaban himnos a Dios; y los presos los oían. Entonces sobrevino de repente un gran terremoto, de tal manera que los cimientos de la cárcel se sacudían; **y al instante se abrieron todas las puertas, y las cadenas de todos se soltaron.** (Hechos 16: 25-26)

En el calabozo de Filipo se unió un apóstol y un profeta. Se unión intercesión y decretos proféticos con alabanza a Dios. Resultado se abrieron las puertas, las cadenas se soltaron, el carcelero se convirtió.

Sonidos poderosos.
Recordemos como el sonido del "shofar" en la toma de Jericó, junto al grito del pueblo provocó que los muros cayeran y Jericó fuera conquistada. Fue un sonido profético producido tanto por el shofar como por el pueblo de Dios. No fue un sonido carnal, mundano, terrenal, fue un sonido del Espíritu, que produjo ondas sonoras que afectaron los cimientos de las murallas.

> Y cuando toquen prolongadamente el cuerno de carnero, así que oigáis el sonido de la bocina, todo el pueblo gritará a gran voz, y el muro de la ciudad caerá; entonces subirá el pueblo, cada uno derecho hacia delante. (Josué 6:5)

Recordemos a David tocando su arpa para el atormentado rey Saúl, y como los espíritus malos, que tenía jurisdicción legal para estar allí, no soportaban la unción del sonido y tenían que irse. Era un sonido espiritual que los espíritus malos se apartaban de Él, y el rey recibía alivio.

Y cuando el espíritu malo de parte de Dios venía sobre Saúl, David tomaba el arpa y tocaba con su mano; y Saúl tenía alivio y estaba mejor, **y el espíritu malo se apartaba de él.** (1 Samuel 16:23)

Recordemos la victoria de Josafat contra tres poderosos ejércitos. Envió al frente a sus salmistas y mientras ellos tocaban y cantaban cánticos al Señor los enemigos se auto destruyeron. Ese sonido provoco confusión en el campamento enemigo y victoria para el pueblo de Dios además de tener un gran botín.

Y habido consejo con el pueblo, puso a algunos que cantasen y alabasen a Jehová, vestidos de ornamentos sagrados, mientras salía la gente armada, y que dijesen: Glorificad a Jehová, porque su misericordia es para siempre. **Y cuando comenzaron a entonar cantos de alabanza, Jehová puso contra los hijos de Amón,** de Moab y del monte de Seir, las emboscadas de ellos mismos que venían contra Judá, y se mataron los unos a los otros. (2 Crónicas 20: 21-22)

No fue hasta que cantaron que se activó el poder de Dios. Algo poderoso pasa en el plano espiritual cuando comenzamos a entonar cánticos al Señor y alabar su nombre. Murallas caen, ejércitos se confunden, cadenas y cepos caen, los carceleros se convierten, Jericó es conquistada, ejércitos invencibles son vencidos. La invitación es clara: Entra por sus puertas con alabanza, por sus atrios con alabanza. Activa los beneficios de la alabanza. Decide cumplir tu ministerio: Este pueblo he creado para mí y mis alabanzas publicará. Amén.

2 Diversas formas de alabar a Dios

Alabadle a son de bocina; Alabadle con salterio y arpa. Alabadle con pandero y danza; alabadle con cuerdas y flautas. Alabadle con címbalos resonantes; alabadle con címbalos de júbilo. (Salmo 150:2-5)

La palabra enumera diversas formas de alabar a Dios, que muchas veces se combinan entre sí. Esto es importante porque muchas veces somos parcos, tímidos, limitados, monótonos en nuestra forma de alabar a Dios. Esto es triste habiendo una gama de formas de expresarle nuestra gratitud y alabanza muchos permanecen estáticos y callados o usando una o dos formas de expresar alabanza y gratitud al Señor.

Ahora tengamos claro que la mejor alabanza y adoración al Señor es nuestro testimonio diario. Es la forma que vivimos la fe. Alabanza no está restringido a un lugar, día y hora. (En el templo, los domingos de 10:00am a 12:00pm) Ni tampoco está limitado a la liturgia u orden de culto. Alabanza es un estilo de vida 24/7. Alabamos al Señor en la forma que nos relacionamos con los demás, comenzando con nuestra familia, en la forma que honramos a Dios y su palabra. Tomando en serio nuestra fe y creencias. Alabanza tiene que ver con la forma que pensamos, hablamos y actuamos de día a día. Desde que nos levantamos hasta que nos acostamos. No confundamos cantar, tocar algún instrumento o danzar como forma automática de alabanza, si no estamos viviendo lo que cantamos. A veces hay disparidad entre lo que ocurre en el altar y lo que ocurre fuera del altar. La mejor adoración y la mejor ofrenda somos nosotros mismos.

Sin embargo, esto no significa pasar por altos las diversas formas de expresar nuestra gratitud y alabanza al Señor. Algo poderoso ocurre que impacta al cielo cuando el pueblo de Dios se reúne semanalmente de manera intencional para juntos exaltar el nombre de Dios. Para juntos cantar himnos y salmos espirituales al Señor, así como exponernos a la palabra. Esto es lo que dice Colosenses 3:16

> La palabra de Cristo more en abundancia en vosotros, enseñándoos y exhortándoos unos a otros en toda sabiduría, cantando con gracia en vuestros corazones al Señor con salmos e himnos y cánticos espirituales.

Cuando activamos las diferentes maneras de alabar a Dios tendremos una reunión viva y variada. El problema es que muchos hermanos/as desconocen las diversas formas bíblicas de alabar a Dios, Necesitamos conocer toda esta variedad de formas para poder activarlos en nuestras reuniones.

Primero: Debemos establecer que la alabanza involucra todo nuestro ser. Nuestro cuerpo físico, mente, alma y espíritu.

Todo nuestro ser tiene que involucrarse y concentrarse en la alabanza al Señor. No lo podemos hacer de manera mecánica y ritualista. Boca y corazón tienen que estar conectado. Es una alabanza racional y a la vez espiritual. David lo expresó bien en el Salmo 103:1: Bendice, alma mía, a Jehová, y bendiga todo mi ser su santo nombre. Todo nuestro ser en perfecta armonía y acuerdo.

Nuestro cuerpo físico debe estar descansado, fuerte, dispuesto para alabar y danzar. Esto implica acostarnos temprano la noche antes de manera de venir renovados físicamente a la fiesta del Señor. Nuestro ser emocional (alma) debe estar alineada y dispuesta a adorar. David le dijo a su alma ¿Por qué estas afanada y turbada? Alinéate, porque yo no te voy a estar callado cuando es tiempo de alabar a Dios. Todo adorador tiene que vencer la depresión, desánimo y confusión y como David tomar control sobre las emociones. Alabar es una decisión.

> ¿Por qué te abates, oh alma mía, y por qué te turbas dentro de mí? Espera en Dios; porque aún he de alabarle, Salvación mía y Dios mío. (Salmo 42:11)

De igual forma Jesús dijo: Este pueblo de labios me alaba, pero su corazón está lejos de mí (Mateo 15:8). Muchas veces hay espíritu de distracción en el tiempo de alabanza, cantamos, pero no prestamos atención a lo que cantamos. Jesús no está rechazando la alabanza de los labios, lo que el pide es que esté involucrado el corazón también. Nuestra mente está a veces centrada en los problemas, presiones de la vida o en otros intereses carnales. Muchos hermanos se distraen con cualquier cosa en la reunión, en vez de perseverar en la alabanza. Vemos algunos entrando y saliendo, hablando con otros, atendiendo su celular entre otras cosas. La mente tampoco debe estar desconectada, es necesario recoger nuestros pensamientos y concéntranos en las bondades del Señor. Este es el llamado de Romanos 12:1 que nos llama al culto racional.

Así que, hermanos, os ruego por las misericordias de Dios, que presentéis vuestros cuerpos en sacrificio vivo, santo, agradable a Dios, que es vuestro culto racional.

Recordemos que el Señor está buscando adoradores que le adoren en espíritu y en verdad. Nuestra alabanza no puede ser a nivel superficial, tiene que fluir del espíritu, desde lo más adentro. El nivel de perdernos en su presencia. Jesús dijo en Juan 7:38 "El que cree en mí, como dice la Escritura, de su interior correrán ríos de agua viva". Si vamos a alabar a Dios nuestro ser interior debe estar comprometido.

a. Con voz audible y fuerte

En primer lugar, debemos alabar a Dios con voz audible y fuerte. No es posible exaltar, reconocer, honrar, alabar a nadie sin palabras o con frases en susurro; tiene que ser con voz fuerte. La palabra habla de gritos, aclamación y voces de júbilo, nada de silencio en esta etapa. La alabanza es siempre una voz de victoria y celebración. Juan describe la alabanza en el cielo como la voz de gran multitud, como estruendo de muchas aguas y como la voz de grandes truenos. ¡Aleluya! Y salió del trono una voz que decía: Alabad a nuestro Dios todos sus siervos, y los que le teméis, así pequeños como grandes. **Y oí como la voz de una gran multitud, como el estruendo de muchas aguas, y como la voz de grandes truenos,** que decía: ¡Aleluya, porque el Señor nuestro Dios Todopoderoso reina! (Apocalipsis 19:5-6)

Vea otros textos bíblicos
Y se levantaron los levitas de los hijos de Coat y de los hijos de Coré, para alabar a Jehová el Dios de Israel **con fuerte y alta voz.** (2Crónicas 20:19)

Pero alégrense todos los que en ti confían; **Den voces de júbilo** para siempre, porque tú los defiendes; En ti se regocijen los que aman tu nombre. (Salmo 5:11)

Regocíjate, oh estéril, la que no daba a luz; **levanta canción y da voces de júbilo,** (Isaías 54:1)

Canta, oh hija de Sion; **da voces de júbilo,** oh Israel; gózate y regocíjate de todo corazón, hija de Jerusalén. (Sofonías 3:14)

Aclamad (gritar) a Dios con voz de júbilo. (Salmo 47:1)

Pueblos todos, batid las manos; **Aclamad a Dios con voz de júbilo.** (Salmo 47:1)

Cantad alegres a Jehová, toda la tierra; **Levantad la voz,** y aplaudid, y cantad salmos. (Salmo 98:4)

Aclamad es sinónimo de grito, voces de júbilo es grito, por eso tiene que ser con voz fuerte y alta. A veces hay más gritos de júbilos en las reuniones políticas, en los deportes, en los espectáculos artísticos que en las reuniones de alabanza de la iglesia. Recordemos al cojo sanado de Hechos 3 el entró al templo saltando y alabando a Dios a viva voz.

Alabanza y silencio no combinan. Alabanza necesita expresión audible y con seguridad. David declaró que no estaría callado al contrario publicaría las alabanzas al Señor. Hermano/a no estés callado, alaba a tu Dios, no dejes que los truenos tengan más fuerza que tú.

> Has cambiado mi lamento en baile; Desataste mi cilicio, y me ceñiste de alegría. Por tanto, a ti cantaré, gloria mía, y no estaré callado. Jehová Dios mío, te alabaré para siempre. (Salmo 30:11-12)

Señor, abre mis labios, Y publicará mi boca tu alabanza. (Salmo 51:15)

b. Con Cánticos espirituales

En segundo lugar, podemos alabar a Dios con cánticos y salmos espirituales. A Dios le bendice cuando su pueblo le canta. La palabra nos exhorta a exaltar y alabar a Dios con cánticos y salmos espirituales. Esto es lo que ordena Colosenses 3:16

> La palabra de Cristo more en abundancia en vosotros, enseñándoos y exhortándoos unos a otros en toda sabiduría, cantando con gracia en vuestros corazones al Señor con **salmos e himnos y cánticos espirituales**.

Toda la escritura está llena de cánticos compuestos por siervos y siervas del Señor, obviamente aparte del l libro de los salmos. Allí vemos muchas canciones del salmista de Israel David, pero también de Asaf, Coré, y otros. Son cánticos que surgen en respuesta a la manifestación del poder de Dios en sus vidas. Lo vimos cuando el pueblo de Israel cruzó el mar rojo siendo libres de la mano de faraón. El pueblo hizo un alto y bajo el liderazgo de Moisés y María la profetiza comienzan a celebrar la victoria con cánticos y danza. Vea Éxodo 15:1,2,20-21

> Entonces cantó Moisés y los hijos de Israel este cántico a Jehová, y dijeron: Cantaré yo a Jehová, porque se ha magnificado grandemente; ha echado en el mar al caballo y al jinete.

> Y María la profetisa, hermana de Aarón, tomó un pandero en su mano, y todas las mujeres salieron en pos de ella con panderos y danzas. Y María les respondía: Cantad a Jehová, porque en extremo

se ha engrandecido; ha echado en el mar al caballo y al jinete.

• Cánticos espontáneos y nuevos

Algunos cánticos espirituales serán de carácter espontáneos, que no han sido aprendidos antes. La palabra los llama: **cántico nuevo.** Son cánticos que nacen de la inspiración del Espíritu en el salmista o la congregación de acuerdo a lo que está pasando en el ambiente. El cántico nuevo trae frescura al tiempo de alabanza y adoración. Lo puede iniciar el líder de adoración, pero en un momento dado, toda la congregación puede fluir en un cántico nuevo.

> Cantad a Jehová **cántico nuevo,** Porque ha hecho maravillas; Su diestra lo ha salvado, y su santo brazo. (Salmo 98:1)

En una ocasión escuché al salmista profético Marco Barrientos compartir una ilustración para explicar lo que es el cántico nuevo y su importancia. El los compara cuando vamos y compramos una tarjeta postal de felicitación. Estas tarjetas contienen hermosos mensajes y poesía escritos por profesionales inspirados junto a una serie de diseños y colores. Casi siempre tomamos mucho tiempo leyendo diferentes postales a fin de escoger la más que capta nuestro sentimiento respecto a la persona que queremos felicitar. Sin embargo, toda tarjeta deja un espacio para que el que felicita escriba de su puño y letra un breve mensaje, felicitación y firma.

A veces nuestra letra es torpe y el mensaje rústico, pero es el nuestro, que sale del corazón. Él dice que Dios se goza con los cánticos que le cantamos inspirados por salmistas ungidos pero que espera con gran expectativa que sus hijos llenen la postal con sus propias palabras, con su cántico nuevo. En algún momento dentro de la adoración debe haber un espacio donde se libera el cántico nuevo para el Señor. Donde podamos verter nuestros sentimientos y abrir nuestro corazón al padre amoroso. El amor de Dios y sus bondades debe inspirar en nosotros sus hijos una expresión propia, un cántico nuevo.

- **Cánticos en lenguas**

Algunos cánticos serán en **lenguas desconocidas** inspiradas por el Espíritu Santo. Pablo reconoce que hay cánticos en letras entendibles, pero también hay cánticos en el espíritu, en otras palabras, en lenguas desconocidas. Es parte del cántico nuevo. Es un cántico que muchas veces es más apropiado para nuestras devociones personales o dentro de ese tiempo de cántico nuevo. Muchos salmistas proféticos se mueven con libertad en esa área.

> ¿Qué, pues? Oraré con el espíritu, pero oraré también con el entendimiento; **cantaré con el espíritu**, pero cantaré también con el entendimiento. (1 Corintios 14:15)

- **Cánticos Proféticos**

Algunos de esos cánticos espirituales y en lenguas serán **Cánticos Proféticos.** Este cántico en lenguas desconocidas es interpretado a la congregación. A veces el salmista o un profeta canta en lenguas y otro profeta o creyente que tiene el dónde interpretación de lenguas interpreta el mismo a la iglesia. En este nivel ahora es Dios respondiendo a la alabanza de su pueblo. Aquí converge la adoración y lo profético, adoradores y profetas.

Adoración Profética

Hablemos sobre adoración profética. Marcos Witt dice que la mayoría de los músicos no se han percatado de la relación estrecha que existe entre la música y lo profético Para él, la música es casi 100 % profética en su naturaleza. La música puede ser profética porque carga la palabra de Dios, anuncia una palabra divina por inspiración sobrenatural y porque la misma habla por parte de Dios, lo que Dios quiere decirle a la iglesia. Algunos han definido adoración profética como escudriñar lo que hay en el corazón de Dios para unirnos a Él, también como el acto de expresar el corazón de Dios a través de nosotros,

Vemos que con los instrumentos se puede profetizar y aun hacer guerra espiritual. David escogió músicos para el ministerio de alabanza en el santuario. Entre sus responsabilidades era que tenían que profetizar con sus instrumentos. De hecho, David era un salmista profético. Este sigue siendo un área donde los salmistas de este tiempo tienen que aprender, crecer y dominar. David no se conformó con que pudieran tocar bien sus instrumentos, pero que fluyeran bajo la unción profética. El buscaba más que músicos, buscaba hombres idóneos para la obra de su ministerio.

> Asimismo, David y los jefes del ejército apartaron para el ministerio a los hijos de Asaf, de Hemán y de Jedutún, para que profetizasen con arpas, salterios y címbalos; y el número de ellos, hombres idóneos para la obra de su ministerio, (1 Crónicas 25:1)

Podemos definir *adoración profética* como el proceso de escudriñar lo que hay en el corazón de Dios para unirnos a Él. Es ese momento especial cuando Dios expresa su corazón a través de nosotros.

Es lo que muchos han llamado cántico profético o cántico de Yahveh. Es el cántico donde ahora Dios es el que canta a su pueblo y le expresa su amor hacia ellos. Es un cántico de amor, de consolación y llamado a la intimidad con Él. Es el nivel donde ahora vemos a Dios (el Espíritu Santo) respondiendo a la alabanza de su pueblo.

Entramos en la dimensión de la adoración profética cuando los salmistas y músicos dirigen a la congregación a levantar una adoración que se alinea al sonido del cielo, a la adoración celestial. Cuando el sonido de alabanza que producimos en el ámbito de la tierra se alinea con el sonido de alabanza y adoración en el cielo entonces entramos en la dimensión de adoración profética. (ámbito de gloria.) Ese es el reto del ministerio de adoración de la iglesia: escuchar ese sonido, alinearse con el mismo y producirlo en nuestra atmósfera.

Vemos en las escrituras que Dios no solo viene habitar en medio de las alabanzas de su pueblo, pero que se une a la celebración de su pueblo. El participa activamente en medio de las alabanzas de su pueblo. Vea lo que dice el salmo 149:1-4. Los primero tres versículos habla que la congregación debe reunirse para alegrarse en su Hacedor, que deben reunirse para gozarse en su Rey. Que deben llegar con cánticos al Señor, incluyendo cánticos nuevos. Que deben alabar su nombre con danza, con pandero y con arpa. Pero entonces dice que Jehová tiene contentamiento con su Dios, que Él comienza a alegrarse con los que se alegran con Él. El Señor no se queda pasivo, se une a la celebración.

> Cantad a Jehová cántico nuevo, su alabanza sea en medio de la congregación de los santos. Alégrese Israel en su Hacedor, los hijos de Sion se gocen en su Rey. Alaben su nombre con danza. Con pandero y arpa a él canten. **Porque Jehová tiene contentamiento con su pueblo.** (Salmo149:1-4)

De igual forma vemos en el salmo 32:7 que en esa reunión de alabanza no solo canta el pueblo, pero Dios también canta a su pueblo. Él llega con cánticos de liberación (cántico de Yahveh).

> Tú eres mi refugio; me guardarás de la angustia; con cánticos de liberación me rodearás. Salmo 32:7

Sofonías 3:17 nos deja saber que Dios participa en la celebración de alabanza con danza. Dios está presente, activo, salvado, gozándose y se regocija sobre su pueblo con cánticos. En el hebreo la palabra regocijar evoca la imagen de dar vueltas rápidamente (al estilo de un trompo) es la imagen de danzar o el efecto de remolinear. Eso es poderoso.

> Jehová está en medio de ti, poderoso, él salvará; se gozará sobre ti con alegría, callará de amor, se regocijará sobre ti con cánticos. (Sofonías 3:17)

Veamos la conexión entre Salmistas, profetas y adoración

Debemos entender que el espíritu de profecía siempre ha estado ligado a la música. Veamos algunos ejemplos bíblicos.

Saúl

Vea como la compañía de profeta que encontró Saúl venia acompañado también con un grupo de música. El texto dice que al frente de la compañía de profetas, iban un grupo de músicos con salterio, flauta y arpa, lo que provocaba a los profetas a profetizar. (sonido)

> Después de esto llegarás al collado de Dios donde está la guarnición de los filisteos; y cuando entres allá en la ciudad encontrarás una compañía de profetas que descienden del lugar alto, y delante de ellos salterio, pandero, flauta y arpa, y ellos profetizando. Entonces el Espíritu de Jehová vendrá sobre ti con poder, y profetizarás con ellos, (1 Samuel 10:5-6)

Eliseo

Vemos al profeta Eliseo mandando a buscar un tañedor que toque para el poder profetizar. Dando a conocer la conexión entre la música y lo profético. La música, interpretada por músicos adecuados, prepara nuestros corazones hacia Dios.

Y Eliseo dijo: Vive Jehová de los ejércitos, en cuya presencia estoy, que si no tuviese respeto al rostro de Josafat rey de Judá, no te mirara a ti, ni te viera. Mas ahora traedme un tañedor. (un músico) Y mientras el tañedor tocaba, la mano de Jehová vino sobre Eliseo, quien dijo: Así ha dicho Jehová: Haced en este valle muchos estanques. (2 Reyes 3:15)

Moisés y María

Vemos que, al cruzar el mar rojo, el pueblo se detiene a celebrar la liberación y victoria. Vemos cánticos, instrumentos y danza. Moisés dirige a los caballeros en un cántico nuevo, mientras María la profetiza reúne a las mujeres y con pandero en mano las dirige en alabanza y danza. Vemos que se activa la unción profética junto a la música.

Y María la profetiza, hermana de Aarón, tomo un pandero en su mano y todas las mujeres salieron en pos de ella con panderos y danza. Y María les respondía: Cantad a Jehová... (vr. 20-21)

Músicos de David del Tabernáculo

Vemos que con los instrumentos se puede profetizar y aun hacer guerra espiritual. David escogió músicos para el ministerio de alabanza en el santuario. Entre sus responsabilidades era que tenían que profetizar con sus instrumentos. De hecho, David era un salmista profético.

Asimismo, David y los jefes del ejército apartaron para el ministerio a los hijos de Asaf, de Hemán y de Jedutún, para que profetizasen con arpas, salterios y címbalos; y el número de ellos, hombres idóneos para la obra de su ministerio, (1 Crónicas 25:1)

Este sigue siendo un área donde los salmistas de este tiempo tienen que aprender, crecer y dominar. David no se conformó con que pudieran tocar bien sus instrumentos, pero que fluyeran bajo la unción profética. El buscaba más que músicos, buscaba hombres idóneos para la obra de su ministerio.

- **Con las manos**

La tercera forma que podemos alabar a Dios es con el uso de nuestras manos. La palabra habla de levantar las manos, batirlas y de aplaudir al Señor. Vea la combinación de voz y manos en conjunto alabando al Señor. Alzar las manos es símbolo de rendición, por un lado, aplaudir es símbolo de celebración y honra, y una forma de expresar alegría. Es imposible dar honra al Grande sin usar nuestras manos para aplaudir su majestad. A veces vemos creyentes en la reunión de alabanza con las manos en los bolsillos o cruzadas. A veces somos muy dados aplaudir a otro ser humano, muchos que lo merece, pero somos tacaños para aplaudir al Dios todopoderoso. Vea como se une aplausos con gritos de júbilo y aclamación.

Pueblos todos, **batid las manos;** Aclamad a Dios con voz de júbilo. (Salmo 47:1)

Cantad alegres a Jehová, toda la tierra; Levantad la voz, **y aplaudid**, y cantad salmos. (Salmo 98:4)

Alzad vuestras manos al santuario, Y bendecid a Jehová. (Salmo 134:2)

- **Con los pies**

La cuarta forma que podemos alabar a Dios es con nuestros pies, con danza y baile. Vemos en la escritura a David el gran salmista no solo fue músico, profeta y adorador, danzar delante de la presencia de Dios.

Y David **danzaba** con toda su fuerza delante de Jehová; y estaba David vestido con un efod de lino. (2 Samuel 6:14)

De igual forma vemos como las mujeres bajo el liderazgo de María danzaron, celebrando la victoria contra Faraón y su ejército.

Y María la profetisa, hermana de Aarón, tomó un pandero en su mano, y todas las mujeres salieron en pos de ella **con panderos y danzas.** (Éxodo 15:20)

Vemos en varios salmos la invitación a alabar a Dios con pandero y danza y no sólo con gritos, cánticos y manos sino también con los pies, o sea, con danza.

Alaben su nombre con danza; Con pandero y arpa a él canten. (Salmo 149:3)

Alabadle con pandero **y** danza; (Salmo 150:4)

El espíritu de Mical

La danza como expresión de alabanza estuvo por un buen tiempo prohibida en las iglesias. De hecho, muchos cambiaron la palabra baile o danza por gozo cuando David la uso para expresar su restauración divina. Lo hicieron porque no era aceptado la danza como medio de alabanza a Dios.

> Has cambiado mi lamento **en baile**; Desataste mi cilicio, y me ceñiste de alegría. (Salmo 30:11)

Pero todavía el espíritu de Mical está presente en nuestras congregaciones. Mical, la esposa del rey David, tenía problemas con la danza, pero David el adorador no. Ya vimos como David danzó con todas sus fuerzas delante del arca del pacto. Esto molestó a su esposa Mical.

> Pero cuando el arca del pacto de Jehová llegó a la ciudad de David, Mical, hija de Saúl, mirando por la ventana, vio **al rey David que saltaba y danzaba,** lo menospreció en su corazón. (1Crónicas 15:27-29)

> Volvió luego David para bendecir su casa; y saliendo Mical a recibir a David, dijo: !!Cuán honrado ha quedado hoy el rey de Israel, descubriéndose hoy delante de las criadas de sus siervos, como se descubre sin decoro un cualquiera. (2 Samuel 6:20)

David tiene que ubicarla, reprenderla y reafirmarse en que nadie lo detendrá de alabar y danzar para su Dios.

Entonces David respondió a Mical: Fue delante de Jehová, quien me eligió en preferencia a tu padre y a toda tu casa, para constituirme por príncipe sobre el pueblo de Jehová, sobre Israel. Por tanto, danzaré delante de Jehová. Y aun me haré más vil que esta vez, y seré bajo a tus ojos; pero seré honrado delante de las criadas de quienes has hablado. (2 Samuel 6: 21-22)

Resumen de la historia: Ella quedo estéril, jamás pudo tener hijos.

> Y Mical hija de Saúl nunca tuvo hijos hasta el día de su muerte. (2 Samuel 6:23)

El espíritu de Mical es un espíritu anti-alabanza, que sabotea la reunión de alabanza, espíritu de crítica, orgullo y burla. Hay iglesias que toleran a Mical en sus reuniones, porque falta un David que la ubique y la reprenda. Donde hay Mical reinando, habrá esterilidad, no habrá frutos, habrá movimiento, pero no resultados. Pero donde están los David, que han decidido no estar callados y danzar para el Señor, habrá celebración, frutos y victoria.

Restauración

Pero como vivimos en el tiempo de restauración de todas las cosas por parte del Señor, la danza ha sido reincorporada en medio de la reunión de alabanza. Así como se han levantado salmistas así se ha levantado el ministerio de danza en nuestras congregaciones. El ministerio de danza es otra expresión legítima de alabanza a nuestro Dios que permite que todo nuestro cuerpo (ser) participe activamente en nuestro primer ministerio.

Pies: guerra espiritual y conquista

Recordemos que nuestros pies son también arma espiritual poderosa. Con nuestros pies hollaremos serpientes, pero también conquistaremos la tierra al pisarla y reclamarla como hizo Abraham y Josué. Nuestros pies no solo son para celebrar, pero a la vez son arma de guerra.

Sobre el león y el áspid pisarás; Hollarás al cachorro del león y al dragón. (Salmo 91:13)

Levántate, ve por la tierra a lo largo de ella y a su ancho; porque a ti la daré. (Génesis 13:17)

Mi siervo Moisés ha muerto; ahora, pues, levántate y pasa este Jordán, tú y todo este pueblo, a la tierra que yo les doy a los hijos de Israel. Yo os he entregado, como lo había dicho a Moisés, todo lugar que pisare la planta de vuestro pie. (Josué 1:2-3)

- **Con instrumentos musicales**

La palabra nos invita a usar todo tipo de instrumentos musicales para alabar a Dios. Percusión, cuerdas, metales entre otros. El "shofar," las trompetas, el arpa, el pandero, estaban entre los instrumentos preferidos.

Alabadle a son de bocina; alabadle con salterio y arpa. Alabadle con pandero y danza; alabadle con cuerdas y flautas. Alabadle con címbalos resonantes; alabadle con címbalos de júbilo. (Salmo 150:3-5)

Hay una belleza cuando se usan los diferentes instrumentos con sus únicos y distintivos sonidos armonizados perfectamente para acompañar a la congregación. Pero de igual forma es una belleza cuando escuchamos la música instrumental. Hay momentos que podemos dejar que la música fluya mientras contemplamos la presencia de Dios. Vimos ya que los espíritus malos que rodeaban a Saúl se apartaban con el sonido del arpa de David. No se menciona que David cantara, sólo que tocaba su instrumento, pero era igual de poderoso. ¡Emitía sonidos de gloria!

Conclusión
El ambiente propicio para la manifestación de la gloria se apoya en una alabanza vibrante y sin reserva. No es simplemente cantar y tocar, pero una participación activa de la congregación en un espíritu de celebración y gratitud que usa toda una variedad de expresiones para alabar al Dios Trino.

En una ocasión, estando en medio de la alabanza, subí al altar, y comencé a motivar al pueblo a aplaudir, dar gritos de júbilo y levantar sus manos. En un momento dado le pedí a los salmistas que dejaran de cantar, y que permitieran a los músicos que siguieran tocando. Entonces invité a toda la congregación a danzar y a correr para el Señor. Yo mismo comencé a danzar y celebrar en el altar, y le pedí a los salmistas, que estaban arriba conmigo, que se unieran a mí. Para mi sorpresa, ellos se quedaron inmovibles, abrieron sus ojos, se sorprendieron del pedido. Me miraban como si no pudiesen creerlo y apenas podían dar uno que otro paso.

El Señor me habló ahí mismo y me dijo: Si ellos no pueden, ¿cómo pueden dirigir y modelar al resto del pueblo? Si ellos mismos no han experimentado las diferentes formas de expresar alabanza a mí, si no han tenido la revelación y están impedidos para hacerlo, están impidiendo que la alabanza avance al nivel de adoración y gloria. Cantar con voz hermosa y afinar no es suficiente. David cantaba y afinaba bien, tocaba bien, pero también danzó con todas sus fuerzas frente al arca. Recordemos las palabras de David:

> Alabadle a son de bocina; alabadle con salterio y arpa. Alabadle con pandero y danza; alabadle con cuerdas y flautas. alabadle con címbalos resonantes; alabadle con címbalos de júbilo. (Salmo 150:2-5)

SECCIÓN II

Adoración

Mas la hora viene, y ahora es, cuando los verdaderos adoradores adorarán al Padre en espíritu y en verdad; porque también el Padre tales adoradores busca que le adoren. Dios es Espíritu; y los que le adoran, en espíritu y en verdad es necesario que adoren.

Juan 4: 23-24

❸ La dimensión de la la adoración

Según hemos enseñado al nivel de alabanza le seguirá el nivel de adoración. Alabanza es el lugar de los atrios, adoración es el nivel del lugar santo. En Juan 4:23-24 Jesús hace una declaración importante sobre la dimensión de adoración.

> Mas la hora viene, y ahora es, cuando los verdaderos adoradores adorarán al Padre en espíritu y en verdad; porque también el Padre tales adoradores busca que le adoren. Dios es Espíritu; y los que le adoran, en espíritu y en verdad es necesario que adoren.

Primero: Nos deja saber que Dios está buscando adoradores. Antes que predicadores, diáconos, administradores, servidores, pastores, Él está buscando adoradores. Ésto nos deja saber la importancia de la adoración, nuevamente vemos el lugar prístino que tiene la alabanza y la adoración. Él nos creó para publicar sus alabanzas, y está buscando adoradores que le adoren.

Segundo: Nos deja saber que está buscando adoradores pero que lo adoren en espíritu y en verdad. Establece criterios y requisitos para la adoración, y para los adoradores. La adoración nace dentro de nosotros, en el espíritu, no puede ser carnal. Adoración entonces exige profundidad, no puede ser superficial ni apresurada. La adoración si ha de ser efectiva y aceptada tiene que ser verdadera. No fingida, falsa, manipulada o forzada. Tiene que haber un acuerdo entre labios y corazón. A fin de que no nos pase como muchos en el tiempo de Jesús, que de labios alababan al Señor, pero su corazón estaba lejos de él.

Tercero: Nos deja saber que hay una urgencia en el llamado y en la búsqueda de adoradores. Es necesario, la hora viene, es el momento kairos de Dios. Nada puede sustituir la adoración, es necesaria. No se debe posponer, no debe ser colocada al final de nuestra agenda o prioridades. La hora viene y ahora es.

Definición de adoración

El diccionario lo define como el acto de reverenciar o rendir culto a un ser que se considera de naturaleza divina. Amar con extremo. Para mi es la actitud del corazón en el cual nos postramos delante del Señor. Es la búsqueda o pasión de conocerlo más a Él y de disfrutar de su presencia. Es el nivel de intimidad. Es un acto de entrega, sujeción, y rendición de todo lo que somos y tenemos delante del Padre, del Rey y Señor.

Podemos ver en el Salmo 63:1-8 un vislumbre de la adoración, ese sentido de intimidad, pasión, amor, búsqueda y entrega.

> Dios, Dios mío eres tú; de madrugada te buscaré; mi alma tiene sed de ti, mi carne te anhela, en tierra seca y árida donde no hay aguas, para ver tu poder y tu gloria, Así como te he mirado en el santuario. Porque mejor es tu misericordia que la vida; mis labios te alabarán. Así te bendeciré en mi vida; en tu nombre alzaré mis manos. Como de meollo y de grosura será saciada mi alma, y con labios de júbilo te alabará mi boca, cuando me acuerde de ti en mi lecho, cuando medite en ti en las vigilias de la noche. Porque has sido mi socorro, y así en la sombra de tus alas me regocijaré. Está mi alma apegada a ti; tu diestra me ha sostenido.

En la adoración nuestro enfoque es Dios, su persona, y no tanto lo que ha hecho por nosotros, lo que nos ha dado o puede darnos. Adoramos a Dios porque Él es Dios, porque Él lo merece, porque somos su creación y sus hijos.

En la adoración el único pensamiento es el Señor nada más importa. Es el nivel de los enamorados del Señor, el encuentro del Amado y los amados. No vamos a Él porque necesitamos sanidad, provisión, liberación, vamos a el porque le amamos. No por lo que nos da, pero por lo que es.

Es un tiempo de amor mutuo, donde ahora hay un cambio en el contenido de las canciones: Ya no se trata de: "el me libra, el me sana, el me levanta, el me ayuda, el me bendice." Ahora el contenido de las canciones es más simple y hablan de "el me ama, Él es mi amado, Él es mío, y yo soy de Él."

Podemos alabar a otras personas, reconocerlas, honrarlas y darle gracias, pero la adoración es exclusiva para Dios. Él es el único que merece toda adoración. El primer mandamiento es claro sobre este aspecto.

> Yo soy Jehová tu Dios, que te saqué de la tierra de Egipto, de casa de servidumbre. No tendrás dioses ajenos delante de mí. No te harás imagen, ni ninguna semejanza de lo que esté arriba en el cielo, ni abajo en la tierra, ni en las aguas debajo de la tierra. No te inclinarás a ellas, ni las honrarás; porque yo soy Jehová tu Dios, fuerte, celoso, que visito la maldad de los padres sobre los hijos hasta la tercera y cuarta generación de los que me aborrecen. (Éxodo 20:2-5)

Cuando el diablo quiso que Jesús lo adorara en el desierto, Jesús lo ubicó, recordándole el primer mandamiento. Le dijo: Vete, Satanás, porque escrito está: Al Señor tu Dios adorarás, y a él sólo servirás. (Mateo 4:10) Vea la exclusividad: Sólo Dios es digno de toda adoración. Todo aquello que pongamos primero que Dios se convierte en idolatría. El dinero, los bienes, las relaciones interpersonales, cualquier dios de este siglo, el ministerio, uno mismo. El apóstol anciano Juan en su visita al tercer cielo se encontró con un ángel e impactado por su hermosura cayó de rodillas. Pero vemos que el ángel rápidamente lo corrige y rechaza toda adoración. En cambio, lo dirige a que adore a Dios.

> Yo Juan soy el que oyó y vio estas cosas. Y después que las hube oído y visto, me postré para adorar a los pies del ángel que me mostraba estas cosas. Pero él me dijo: Mira, no lo hagas; porque yo soy consiervo tuyo, de tus hermanos los profetas, y de los que guardan las palabras de este libro. **Adora a Dios.** (Apocalipsis 22:8-9)

Recordemos que hay una conexión entre los tres niveles y que también hay una progresión donde pasamos de alabanza, a la adoración y al nivel de gloria. De los atrios, al lugar santo, al lugar santísimo. Podemos ver esa progresión en el Salmo 95:1-2 donde el salmista nos invita a llegar a su presencia primero con alabanza.

> Venid, aclamemos alegremente a Jehová; cantemos con júbilo a la roca de nuestra salvación. Lleguemos ante su presencia con alabanza; aclamémosle con cánticos. porque Jehová es Dios grande.

Luego viene la invitación para transicional o progresar a la adoración en el verso 6.

> **Venid, adoremos y postrémonos**; arrodillémonos delante de Jehová nuestro hacedor.

Venid aclamemos, venid y adoraremos: dos niveles. Vimos, en el nivel de la alabanza, el ejemplo del cojo de la hermosa cuando recibe su sanidad.

> Y saltando, se puso en pie y anduvo; y entró con ellos en el templo, andando, y saltando, y alabando a Dios. Y todo el pueblo le vio andar y alabar a Dios. (Hechos 3: 8)

En el nivel de adoración un buen ejemplo es el de la mujer pecadora que ministró a Jesús en casa de Simón el fariseo.

> Entonces una mujer de la ciudad, que era pecadora, al saber que Jesús estaba a la mesa en casa del fariseo, trajo un frasco de alabastro con perfume; y estando detrás de él a sus pies, llorando, comenzó a regar con lágrimas sus pies, y los enjugaba con sus cabellos; y besaba sus pies, y los ungía con el perfume (ofrenda). (Lucas. 7:37-38)

Mientras el cojo saltaba, gritaba, y daba gracias, esta mujer la vemos arrodillada a los pies del Señor, lavando sus pies con sus lágrimas, ungiéndolos con el perfume caro y secándolos con sus cabellos. Son expresiones únicas y diferentes, pero todas buscando exaltar a Dios.

Hay una serie de transiciones o progreso de alabanza a adoración

- Este es el nivel donde transicionamos del nivel de alabar a Dios por lo que Él hace, para adorarle por lo que Él es. En la adoración, le adoramos aun estando en necesidad, o problemas, teniendo o no teniendo, porque el enfoque ha pasado de lo que él hace, por lo que Él es.

- Transicionamos de estar en pie y en la danza para arrodillarnos a sus pies (postrarnos).

- Transicionamos del grito de júbilo al susurro que dice te amo, e inclusive llegado el tiempo sin palabras, aún en silencio, donde se nos acaban las palabras. Es la dimensión como bien dice el salmista Danilo Montero en la canción **Hay momentos que no deberían terminar** que sobran las palabras. El coro dice así:

  > Te amo mi Señor, se acaban las palabras. Solo queda mi alma para cantarte. Te adoro mi Señor, no hay nada alrededor. Solo estamos tu y yo, solo estamos tu y yo.

- Transicionamos de multitudes a la intimidad, uno a uno con Él.

- Transicionamos de alegría a lágrimas no de dolor, pero por su presencia.

En la adoración hay una transición que se da de pasar de las manos de Dios, que hablan de su provisión como el padre suple a sus hijos, para pasar de sus manos a sus pies. Esta posición habla de Él como Señor y Rey y nosotros como sus siervos que reverenciamos su nombre y le obedecemos. Finalmente podemos pasar de sus pies a su corazón. que hablan de Él como el Amado, el esposo de la iglesia, y nosotros su desposada.

Vea la transición o progresión:

Rut Ward escritora del libro **_"Gloria"_** dice que muchas iglesias llaman la experiencia del culto del domingo: Culto de adoración y predicación, pero pocas veces se llega al nivel de la adoración. Nunca falta exhortación y predicación, anuncios y especiales, pero casi siempre nos falta tiempo para adorar.

Ella dice que el tiempo de adoración se diluye en otras muchas cosas. Cuando se está llegando al nivel de adoración la gran mayoría de las veces se interrumpe el proceso, muchas veces de manera abrupta. Hay un colapso pues se rompe el proceso de ascensión que provoca la alabanza. A veces después que hemos alabado y entrado en la adoración retrocedemos a la alabanza o canciones de ministración.

Por ejemplo, iniciamos cantando una canción de gratitud, para luego seguirla con una canción de queja, empezamos con una canción de victoria, para seguirla con una que dice que estamos cansados del camino. El reto es saber escoger las canciones, que vayan en ascenso. Primero de alabanza, gratitud, celebración, ministración, para pasar a las canciones de adoración e intimidad. Recordemos que cada vez que el nivel de adoración es abortado, estamos eliminando la oportunidad de que el nivel de gloria se manifieste en medio de la reunión de los santos.

¿Habrá gente enamorada del Señor en este tiempo? ¿Habrá gente que sabe buscar más la presencia del Señor que sus beneficios? ¿Habrá gente que sabe buscar un lugar privado, personal para derramar su alma delante del Señor, que lo busquen en la madrugada, así como en las vigilias de la noche? Que no tengan prisa para pasar tiempo con Él. ¿Quiénes serán aquellos que no tienen problema con la invitación del Espíritu para adorar en espíritu y en verdad? La invitación del salmista está vigente:

> **Venid, adoremos y postrémonos;** arrodillémonos delante de Jehová nuestro hacedor. (Salmo 96: 6)

Adoración y ofrenda

Siempre que se habla de adoración en la escritura de alguna manera está relacionando también con ofrendas. Es difícil fluir en la adoración con manos vacías porque en la adoración se trata de él, no de nosotros. La palabra dice que no me presentaré con manos vacías.

> Tres veces cada año aparecerá todo varón tuyo delante de Jehová tu Dios en el lugar que él escogiere: en la fiesta solemne de los panes sin levadura, y en la fiesta solemne de las semanas, y en la fiesta solemne de los tabernáculos. Y ninguno se presentará delante de Jehová con las manos vacías; (Deuteronomio 16:16)

Salmo 96:7-9 establece clara la conexión entre adoración y ofrendas.

Tributad a Jehová, oh familias de los pueblos, dad a Jehová la gloria y el poder. Dad a Jehová la honra debida a su nombre; **traed ofrendas, y venid a sus atrios. Adorad a Jehová** en la hermosura de la santidad; temed delante de él, toda la tierra.

Abraham les dijo a sus criados cuando ya iba a subir el monte Moriah a sacrificar su hijo como ofrenda al Señor, que él y su hijo subirían, adorarían y volverían. La ofrenda iba a ser su hijo, pero terminó siendo el carnero que Dios mismo proveyó en sustitución de su hijo. Pero vemos la conexión entre adoración y ofrendas.

> Esperad aquí con el asno, y yo y el muchacho iremos hasta allí y adoraremos, y volveremos a vosotros. (Génesis 22:5)

Cuando el ángel del Señor se le apareció a Gedeón, el levantó un altar improvisado y adoró al Señor. Pero se ocupó de que en el altar junto a su adoración hubiera ofrenda. Así que trajo un cabrito como ofrenda.

> Te ruego que no te vayas de aquí hasta que vuelva a ti, y saque mi ofrenda y la ponga delante de ti. Y él respondió: Yo esperaré hasta que vuelvas. Y entrando Gedeón, preparó un cabrito, y panes sin levadura de un efa de harina; y puso la carne en un canastillo, y el caldo en una olla, y sacándolo se lo presentó debajo de aquella encina. (Jueces 6:17-18)

Cuando el rey David llevó el arca del pacto a la ciudad santa, se aseguró que hubiera alabanza y adoración. Mientras él y el pueblo alababan y adoraban al Señor a la vez presentaban ofrendas a Dios. Cada seis pasos se detenían para ofrendar a Dios en medio de la alabanza.

> Fue dado aviso al rey David, diciendo: Jehová ha bendecido la casa de Obed-Edom y todo lo que tiene, a causa del arca de Dios. Entonces David fue, y llevó con alegría el arca de Dios de casa de Obed-Edom a la ciudad de David. Y cuando los que llevaban el arca de Dios habían andado seis pasos, él sacrificó un buey y un carnero engordado. Y David danzaba con toda su fuerza delante de Jehová; y estaba David vestido con un efod de lino. Así David y toda la casa de Israel conducían el arca de Jehová con júbilo y sonido de trompeta. (2 Samuel 6:12-15)

De igual forma los sabios de oriente fueron adorar al niño Rey que había nacido, pero juntamente con su adoración llevaron ofrendas valiosas.

> Y al entrar en la casa, vieron al niño con su madre María, y postrándose, lo adoraron; y abriendo sus tesoros, le ofrecieron presentes: oro, incienso y mirra. (Mateo 2: 11)

Ya vimos como la mujer pecadora que irrumpió en la casa de Simón el fariseo, se tiró a los pies de Jesús y le adoró. Pero no llegó con manos vacías, sino con ofrenda, con perfume caro en vaso de alabastro para ungir al Señor.

> Entonces una mujer de la ciudad, que era pecadora, al saber que Jesús estaba a la mesa en casa del fariseo, trajo un frasco de alabastro con perfume; y estando detrás de él a sus pies, llorando, comenzó a regar con lágrimas sus pies, y los enjugaba con sus cabellos; y besaba sus pies, y los ungía con el perfume (ofrenda). (Lucas. 7:37-38)

El capítulo 4 del libro de Apocalipsis lleva por título Adoración celestial. El apóstol Juan tuvo vislumbre de la adoración celestial. El vio allí en el cielo, de igual forma el patrón que hemos establecido de adoración y ofrendas. Los 24 ancianos que estaban frente al trono cada vez que adoraban al Señor, lanzaban sus coronas de oro delante del trono. (Vea Apocalipsis 4:4-11)

> Y alrededor del trono había veinticuatro tronos; y vi sentados en los tronos a veinticuatro ancianos, vestidos de ropas blancas, con coronas de oro en sus cabezas. Y siempre que aquellos seres vivientes dan gloria y honra y acción de gracias al que está sentado en el trono, al que vive por los siglos de los siglos, los veinticuatro ancianos se postran delante del que está sentado en el trono, **y adoran al que vive por los siglos de los siglos, y echan sus coronas delante del trono,** diciendo: Señor, digno eres de recibir la gloria y la honra y el poder; porque tú creaste todas las cosas, y por tu voluntad existen y fueron creadas.

A veces he visto en diferentes iglesias que los músicos y salmistas al llegar la hora de ofrendas, casi nunca ofrendan. La razón a veces es que están tocando mientras se traen las ofrendas. Muy conveniente, pero poco bíblico. Además, en estudios e investigación que he realizado muchos de los adoradores tampoco son diezmeros o tienen grandes luchas para hacerlo. (Estoy hablando de las iglesias que doy cobertura) Pero tengo la gran sospecha que hay muchos otros salmistas y músicos de otras iglesias que caen en esa categoría. Es una contradicción que un adorador salmista me motive, me invite, me empuje a alabar y adorar a Dios, y cuando llega el tiempo de las ofrendas, se desaparezca o simplemente siga adorando con manos vacías.

Adoración y ofrendas van de la mano. En la alabanza celebro todo lo que Él ha hecho por mí, lo que está haciendo y lo que hará. Pero en adoración ya no es lo que Él ha hecho, es lo que Él Es y ahora somos nosotros que le traemos a él ofrendas. Ofrendas de labios, del corazón, de nuestras bendiciones y de dinero. Realmente es difícil adorar con manos vacías. Si tú no tienes nada de dinero, para ofrendar o diezmar, siempre puedes ofrendar tus fuerzas. Puedes quedarte a limpiar el templo, los baños, ayudar en el estacionamiento, ayudar en cualquier área que sea necesaria, para evitar llegar con manos vacías. Es cuestión de conocimiento, conciencia, y disposición. Muchas veces llegamos con manos vacías, no porque no tenemos, es que no tenemos conocimiento, es que no lo vemos necesario, es que nos fluye más que nos den, que dar. Se nos hace difícil poner nuestro Isaac en el altar de Dios. Recordemos siempre que Y ninguno se presentará delante de Jehová con las manos vacías ¿Dónde están los adoradores que saben que quieren adorar en espíritu en verdad? ¿Dónde están los enamorados del Señor? ¿Dónde están los adoradores y profetas que saben que riquezas y gloria están conectados?

4 Las dos facetas de la adoración: el Rey y el Amado

> Alzad, oh puertas, vuestras cabezas, y alzaos vosotras, puertas eternas, y entrará el Rey de gloria. (Salmo 24:7)

> ¡La voz de mi amado! He aquí él viene saltando sobre los montes, brincando sobre los collados. (Cantares 2:8)

La primera faceta es a los pies del Rey, la segunda faceta es recostados en el corazón del amado. Primera faceta majestad, segunda faceta amor. Primera faceta servir, segunda faceta intimidad. Primera faceta el Señor como Rey, segunda faceta el Señor como el Amado. Primera faceta nosotros como sus siervos, segunda faceta la iglesia como la novia del Cordero.

Primera faceta: Adorando al Rey y Señor

Adoración es la respuesta al encuentro del Señor como Rey. Jesús es el Rey de gloria, el que está sentado en su trono. Los adoradores deben tener revelación del Señor como Rey. Lo conocemos como Salvador, Sanador, Proveedor, Liberador, pero ¿lo conocemos como Rey de gloria? Necesitamos ampliar nuestro entendimiento sobre el trono de Dios. Como hijos de Dios tenemos acceso al trono para llevar nuestras peticiones y pedir ayuda según Hebreos 4:16:

> Acerquémonos, pues, confiadamente al trono de la gracia, para alcanzar misericordia y hallar gracia para el oportuno socorro.

Ese es el privilegio de los hijos de Dios. Pero también el trono es el lugar donde los siervos adoran a su Rey. David lo vio como el Rey de Gloria en el Salmo 24:7-10

> Alzad, oh puertas, vuestras cabezas, y alzaos vosotras, puertas eternas, y entrará el Rey de gloria. ¿Quién es este Rey de gloria? Jehová el fuerte y valiente, Jehová el poderoso en batalla. Alzad, oh puertas, vuestras cabezas, y alzaos vosotras, puertas eternas, y entrará el Rey de gloria. ¿Quién es este Rey de gloria? Jehová de los ejércitos, Él es el Rey de la gloria.

El profeta Isaías de igual forma tuvo esa experiencia al entrar al santuario. Allí tuvo una visión donde vio al que estaba sentado en trono reinado y cayó a los pies del Rey.

> En el año que murió el rey Uzías vi yo al Señor sentado sobre un trono alto y sublime, y sus faldas llenaban el templo. Por encima de él había serafines; cada uno tenía seis alas; con dos cubrían sus rostros, con dos cubrían sus pies, y con dos volaban. Y el uno al otro daba voces, diciendo: Santo, santo, santo, Jehová de los ejércitos; toda la tierra está llena de su gloria. Y los quiciales de las puertas se estremecieron con la voz del que

clamaba, y la casa se llenó de humo. Entonces dije: !!Ay de mí! que soy muerto; porque siendo hombre inmundo de labios, y habitando en medio de pueblo que tiene labios inmundos, han visto mis ojos al Rey, Jehová de los ejércitos. (Isaías 6:1-5)

Juan tuvo un encuentro con el Rey de gloria cuando fue arrebatado al cielo, cayendo a sus pies en adoración.

Y en medio de los siete candeleros, a uno semejante al Hijo del Hombre, vestido de una ropa que llegaba hasta los pies, y ceñido por el pecho con un cinto de oro. Su cabeza y sus cabellos eran blancos como blanca lana, como nieve; sus ojos como llama de fuego; y sus pies semejantes al bronce bruñido, refulgente como en un horno; y su voz como estruendo de muchas aguas. Tenía en su diestra siete estrellas; de su boca salía una espada aguda de dos filos; y su rostro era como el sol cuando resplandece en su fuerza. Cuando le vi, caí como muerto a sus pies. Y él puso su diestra sobre mí, diciéndome: No temas; yo soy el primero y el último; y el que vivo, y estuve muerto; mas he aquí que vivo por los siglos de los siglos, amén. Y tengo las llaves de la muerte y del Hades. (Apocalipsis 1:13-18)

En su visita al cielo Juan vio el trono y el que estaba sentado en el trono. Luego ve los 24 ancianos que se postran a los pies del que está en el trono, tirando sus coronas, y escucha el cántico de ellos: Él es digno... Luego el vio 4 seres vivientes que rodeaban el trono dando gloria y honra al que está sentado en el trono

Y al instante yo estaba en el Espíritu; y he aquí, un trono establecido en el cielo, y en el trono, uno sentado. Y el aspecto del que estaba sentado era semejante a piedra de jaspe y de cornalina; y había alrededor del trono un arco iris, semejante en aspecto a la esmeralda. Y alrededor del trono había veinticuatro tronos; y vi sentados en los tronos a veinticuatro ancianos, vestidos de ropas blancas, con coronas de oro en sus cabezas. Y del trono salían relámpagos y truenos y voces; y delante del trono ardían siete lámparas de fuego, las cuales son los siete espíritus de Dios. Y delante del trono había como un mar de vidrio semejante al cristal; y junto al trono, y alrededor del trono, cuatro seres vivientes llenos de ojos delante y detrás. El primer ser viviente era semejante a un león; el segundo era semejante a un becerro; el tercero tenía rostro como de hombre; y el cuarto era semejante a un águila volando. Y los cuatro seres vivientes tenían cada uno seis alas, y alrededor y por dentro estaban llenos de ojos; y no cesaban día y noche de decir: Santo, santo, santo es el Señor Dios Todopoderoso, el que era, el que es, y el que ha de venir. Y siempre que aquellos seres vivientes dan gloria y honra y acción de gracias al que está sentado en el trono, al que vive por los siglos de los siglos, los veinticuatro ancianos se postran delante del que está sentado en el trono, y adoran al que vive por los siglos de los siglos, y echan sus coronas delante del trono, diciendo: Señor, digno eres de recibir la gloria y la honra y el poder; porque tú creaste todas las cosas, y por tu voluntad existen y fueron creadas. (Apocalipsis 4: 2-11)

Ciertamente Jesús fue y es el cordero de Dios, el varón de dolores, el crucificado, pero ahora es el león de la tribu de Judá, el Resucitado, el que ascendió hasta lo sumo, a la diestra del Padre. Ahora Él es el Rey de Gloria, el Rey de Reyes y Señor de Señores. (Kyrius, Adonai, The Lord)

Él es el Rey, como tal debemos ser sobrecogidos por su majestad y darle la honra debida a su nombre. En esta dimensión de gloria nuestro lugar es a los pies del Rey, dispuestos a servirle y obedecerle. Vemos como Isaías, Juan, los veinticuatro ancianos se postran, y tiran sus coronas, sus títulos y posiciones, porque están frente al rey de Gloria. Ellos no fueron orgullosos, ni intentaron ser igual o mayor que el que estaba sentado en el trono. Ellos tenían una posición importante, tenían un nivel de autoridad (coronas) pero sabían que el importante y quien tenía toda autoridad era el Señor. ¡Qué difícil se nos hace humillarnos, póstranos, olvidarnos de nuestros títulos y posiciones! A veces parece que mientras más rango tenemos en el Reino menos necesidad tenemos de alabar, adorar, orar, póstranos como el resto de la congregación. Como si estuviéramos excusados del tiempo de alabanza y adoración. ¡Error! Es tiempo de tirarnos a sus pies y tirar nuestras "coronas."

Mientras Mical la reina se excusó de participar en el retorno del arca del pacto al tabernáculo, David el rey, adoró, ofrendó y danzó con todas sus fuerzas en el evento. Ella se quedó observando desde la ventana, el participó honrando al Señor. A veces en nuestras reuniones hay una lucha entre Mical y David, los que asumen una posición de espectadores, de indiferencia y critica. A veces en nuestras reuniones hay una lucha entre Marta y María. Marta indiferente a la presencia de Jesús y afanada por lo material y las presiones de la vida, María la adoradora, que sabe manejar sus prioridades. Que sabe dejar todo de lado para sentarse a los pies del maestro.

David en el salmo 24 comparte el protocolo de cómo conducirnos delante del Rey de Gloria. Si el Rey se hace presente, no podemos seguir como si nada ha pasado, o cualquiera ha llegado. Está entrando el Rey de gloria, el fuerte y valiente, el poderoso en batalla, Jehová Sabahot, Jehová Dios de los Ejércitos. Por eso Él dice: Alzaos vuestras cabezas, que implica respeto, honra, atención debida. Muchas veces en nuestras reuniones de adoración hay irreverencia, liviandad, chistes, desenfoque, desprecio, relajo, indiferencia. Cuando deberíamos alzar nuestras cabezas. Cuando deberíamos tirarnos a sus pies y exaltarlo porque el Rey de Gloria ha llegado.

El cántico de esta dimensión de gloria y majestad lo vemos en Apocalipsis 5:11-13. El mismo es cantado por millones de ángeles, los seres vivientes y los 24 ancianos. Vea la letra de éste:

> Y miré, y oí la voz de muchos ángeles alrededor del trono, y de los seres vivientes, y de los ancianos; y su número era millones de millones, que decían a gran voz: El Cordero que fue inmolado es digno de tomar el poder, las riquezas, la sabiduría, la fortaleza, la honra, la gloria y la alabanza. Y a todo lo creado que está en el cielo, y sobre la tierra, y debajo de la tierra, y en el mar, y a todas las cosas que en ellos hay, oí decir: Al que está sentado en el trono, y al Cordero, sea la alabanza, la honra, la gloria y el poder, por los siglos de los siglos. Él es digno, a Él sea la alabanza, la honra, la gloria y poder por siempre. Nadie más la merece, ni es digno. Gloria a Dios. Él es el Rey de Gloria. Cantémosle al Rey de Gloria. Oro para que tengas revelación del Rey de Gloria.

Segunda Faceta: Adorando al Amado

La adoración es tan rica, variada y profunda que nos permite también transicional de los pies del Señor a la cercanía de su corazón. Nos permite transicional de siervos a amantes del Señor. De ir a un nivel más profundo como es intimidar. Él no sólo es el Rey, pero ahora también es el Amado y nosotros la novia, la desposada. Aquí la visión es la amada y el amado del libro Cantares. Es puro amor ágape en acción.

El libro de Cantares es un poema (metáfora) que narra el amor entre la amada y el amado, símbolo de la iglesia y de Jesús.

> ¡La voz de mi amado! He aquí él viene Saltando sobre los montes, brincando sobre los collados. Mi amado es semejante al corzo, o al cervatillo. Helo aquí, está tras nuestra pared, mirando por las ventanas, atisbando por las celosías. Mi amado habló, y me dijo: Levántate, oh amiga mía, hermosa mía, y ven. (Cantares 2:8-10)

> Paloma mía, que estás en los agujeros de la peña, en lo escondido de escarpados parajes, muéstrame tu rostro, hazme oír tu voz; porque dulce es la voz tuya, y hermoso tu aspecto. Cazadnos las zorras, las zorras pequeñas, que echan a perder las viñas; porque nuestras viñas están en cierne. Mi amado es mío, y yo suya; el apacienta entre lirios. Hasta que apunte el día, y huyan las sombras, vuélvete, amado mío; sé semejante al corzo, o como el cervatillo sobre los montes de Beter. (Cantares 2:14-17)

Vea que el punto de atención es el Amado, su persona, su voz, su rostro. El punto es poder estar con Él, disfrutar con Él, el enfoque es su presencia. Ahora somos del Amado, pero el Amado es nuestro también. No hay un énfasis en que nos de cosas, o resuelva situaciones, es a Él a quien queremos. Venimos a la reunión para disfrutar de su presencia, a derramar nuestro corazón lleno de amor a Él, pero también ser suficientemente sensible para recibir su amor.

A la iglesia se le dificulta entrar en ese nivel de intimidad, que se distingue por el susurro, el silencio, lágrimas, quietud, disfrute de su presencia. Hay tan pocos enamorados del Señor. Hay muchos que han dejado apagar la llama del amor por el Señor y ya no tienen la expectativa que tenía la amada de Cantares que esperaba, tras la ventana, la llegada del Amado. Ella estaba emocionada pues lo pudo ver a la lejanía y aun a la distancia pudo oír y distinguir la voz del amado que la llamaba. A veces nuestras reuniones son sosas, desabridas, rutinarias, predecible, monótonas, frías, rápidas. Ansiedad por salir de la reunión para volver a los ajetreos de la vida. Nunca he visto un novio que vaya a visitar a su novia con prisa o desanimado. Pero si hay amor para el Señor, entonces no será así. Necesitamos recobrar ese grito de la amada: "La voz de mi amado, he aquí él viene, saltando sobre los montes, brincando sobre los collados."

Esta imagen del amado y la amada lo vemos también Efesios 5: 24-31:

> Así que, como la iglesia está sujeta a Cristo, así también las casadas lo estén a sus maridos en todo. Maridos, amad a vuestras mujeres, así como Cristo amó a la iglesia, y se entregó a sí mismo por ella, para santificarla, habiéndola purificado en el

lavamiento del agua por la palabra, a fin de presentársela a sí mismo, una iglesia gloriosa, que no tuviese mancha ni arruga ni cosa semejante, sino que fuese santa y sin mancha. Así también los maridos deben amar a sus mujeres como a sus mismos cuerpos. El que ama a su mujer, a sí mismo se ama. Porque nadie aborreció jamás a su propia carne, sino que la sustenta y la cuida, como también Cristo a la iglesia, porque somos miembros de su cuerpo, de su carne y de sus huesos. Por esto dejará el hombre a su padre y a su madre, y se unirá a su mujer, y los dos serán una sola carne. Grande es este misterio; mas yo digo esto respecto de Cristo y de la iglesia. Así que, como la iglesia está sujeta a Cristo, así también las casadas lo estén a sus maridos en todo. Maridos, amad a vuestras mujeres, así como Cristo amó a la iglesia, y se entregó a sí mismo por ella, para santificarla, habiéndola purificado en el lavamiento del agua por la palabra, a fin de presentársela a sí mismo, una iglesia gloriosa, que no tuviese mancha ni arruga ni cosa semejante, sino que fuese santa y sin mancha. Así también los maridos deben amar a sus mujeres como a sus mismos cuerpos. El que ama a su mujer, a sí mismo se ama. Porque nadie aborreció jamás a su propia carne, sino que la sustenta y la cuida, como también Cristo a la iglesia, porque somos miembros de su cuerpo, de su carne y de sus huesos. Por esto dejará el hombre a su padre y a su madre, y se unirá a su mujer, y los dos serán una sola carne. Grande es este misterio; mas yo digo esto respecto de Cristo y de la iglesia.

El texto dice que Cristo ama a la iglesia, que se entregó por ella, que la sustenta y la cuida porque es parte de sus huesos, de su carne, es su cuerpo. Pablo usa la analogía del matrimonio para aplicarla a la relación de Cristo y su iglesia. Cristo es el esposo y la iglesia la desposada. Y el amor es la base de esa relación. La adoración es la intimidad del esposo (Jesús) con su esposa. (Iglesia) Es la manifestación de un amor mutuo. El Rey de gloria quiere entrar en nuestras reuniones, alzad vuestras cabezas, pero El Amado también quiere entrar a nuestras reuniones, prepara tu corazón. Necesitamos salmistas enamorados del Amado, que no le sean infiel con otros amoríos. Recordemos lo que dice Santiago 4:4-5:

> Cualquiera, pues, que quiera ser amigo del mundo, se constituye enemigo de Dios. El Espíritu que él ha hecho morar en nosotros nos anhela celosamente.

Recordemos que igualmente Cantares 2:10 aún está vigente, óyelo querida iglesia. la invitación está en pie:

> Mi amado habló, y me dijo: Levántate, oh amiga mía, hermosa mía, y ven.

SECCIÓN III

Gloria

Porque la tierra será llena del
conocimiento de la gloria de Jehová,
como las aguas cubren el mar.
Habacuc 2:14

❺ El ámbito de gloria

El tercer nivel progresista y en ascenso es el ámbito de la gloria. El Espíritu está enseñando a la iglesia otra vez a transicional de la alabanza a la adoración, de la adoración al ámbito de gloria. De las puertas, al lugar santo, y al lugar santísimo. En esta transición los salmistas, músicos y profetas jugarán un rol estratégico porque la gloria está conectada a un sonido único y especial.

Hablemos sobre el ámbito de la gloria...

El ámbito de la gloria es tan real como el ámbito natural. Esto lo vemos en Isaías 6, en el cántico de los querubines donde declaran que toda la tierra está llena de su gloria.

> Y el uno al otro daba voces, diciendo: Santo, santo, santo, Jehová de los ejércitos; toda la tierra está llena de su gloria. (Isaías 6:3)

Lo vemos en igual forma en Habacuc 2:14 donde el profeta declara que la tierra será llena (completa) del conocimiento de la gloria del Señor.

> Porque la tierra será llena del conocimiento de la gloria de Jehová, como las aguas cubren el mar.

El problema ha sido de la iglesia, que no ha estado tan consiente de la dimensión de gloria. Hemos sido una generación de los atrios, que aun hemos tenido dificultad para entrar por sus puertas con alabanza. Hemos sido una generación que se nos ha hecho difícil ubicarnos a los pies del Señor en adoración, en romper el perfume de alabastro y traer ofrenda. Hemos sido una generación apresurada, con muchos compromisos, presiones, a veces entretenida y muy religiosa. El ámbito de gloria es un ambiente donde la iglesia debe entrar y ministrar porque nuestro Rey es el Rey de gloria que viene por una iglesia gloriosa.

De hecho, según el salmista estamos llamados a ser portadores de su gloria a levantarnos y resplandecer, porque ciertamente ha llegado un nuevo amanecer en el Reino de Dios.

> Cantad a Jehová cántico nuevo; Cantad a Jehová, toda la tierra. Cantad a Jehová, bendecid su nombre; Anunciad de día en día su salvación. Proclamad entre las naciones su gloria, En todos los pueblos sus maravillas. (Salmo 96:1-3)

Cuando vamos a través de las escrituras vemos que el ámbito de gloria ha sido ignorado o descuidado en cada temporada de la historia de la iglesia, pero a la vez siempre ha estado presente.

- Adán y Eva vivían en el Edén, pero el ambiente en el Edén era un ambiente de gloria. (Dios los visitaba, estaban desnudos y no había problema – vestidos por la gloria.

> Y oyeron la voz de Jehová Dios que se
> paseaba en el huerto, al aire del día.
> (Génesis 3:8)

- Moisés tuvo revelación de la gloria del Señor
en la zarza ardiente, pero él sabía que había
más, y le pidió a Dios que le mostrara su
gloria.

> Y Jehová dijo a Moisés: También haré esto
> que has dicho, por cuanto has hallado
> gracia en mis ojos, y te he conocido por tu
> nombre. El entonces dijo: Te ruego que me
> muestres tu gloria. Y le respondió: Yo haré
> pasar todo mi bien delante de tu rostro, y
> proclamaré el nombre de Jehová delante
> de ti; (Éxodo 33:17-19)

- En la travesía del pueblo de Dios de Egipto a
la tierra prometida por el desierto, la gloria
los acompañó en forma de nube, además la
gloria se manifestó en el monte Horeb.

> Entonces una nube cubrió el tabernáculo
> de reunión, y la gloria de Jehová llenó el
> tabernáculo. Y no podía Moisés entrar en el
> tabernáculo de reunión, porque la nube
> estaba sobre él, y la gloria de Jehová lo
> llenaba. (Éxodo 40: 34-35)

- David también quería más de ella, y lo pedía
en oración como se ve en el salmo 63:1-3.

Esta debe ser también nuestra oración y anhelo.

> Dios, Dios mío eres de madrugada te buscaré; mi alma tiene sed de ti, mi carne te anhela, en tierra seca y árida donde no hay aguas, para ver tu poder y tu gloria, así como te he mirado en el santuario.

Él tuvo vislumbres de la gloria de Dios, donde habla del Rey de Gloria. De su majestad y poder. Lo podemos ver en el Salmo 24: 7-10

> Alzad, oh puertas, vuestras cabezas, Y alzaos vosotras, puertas eternas, Y entrará el Rey de gloria. ¿Quién es este Rey de gloria? Jehová el fuerte y valiente Jehová el poderoso en batalla. Alzad, oh puertas, vuestras cabezas, Y alzaos vosotras, puertas eternas, Y entrará el Rey de gloria. ¿Quién es este Rey de gloria? Jehová de los ejércitos, Él es el Rey de la gloria.

- El profeta Isaías tuvo también contacto con la gloria del Señor. Él tuvo una visión celestial, del trono y del que estaba sentado en el trono mientras adoraba en el templo. El escuchó el cántico de los querubines que decían: Santo, Santo, Santo toda la tierra está llena de su gloria.

> En el año que murió el rey Uzías vi yo al Señor sentado sobre un trono alto y sublime, y sus faldas llenaban el templo. Por encima de él había serafines; cada uno tenía seis alas;

92

con dos cubrían sus rostros, con dos cubrían sus pies, y con dos volaban. Y el uno al otro daba voces, diciendo: Santo, santo, santo, Jehová de los ejércitos; toda la tierra está llena de su gloria. Y los quiciales de las puertas se estremecieron con la voz del que clamaba, y la casa se llenó de humo. Entonces dije: !!Ay de mí! que soy muerto; porque siendo hombre inmundo de labios, y habitando en medio de pueblo que tiene labios inmundos, han visto mis ojos al Rey, Jehová de los ejércitos. (Isaías 6:1-5)

- El profeta Hageo reconoció la realidad de la dimensión de gloria y que la misma viene en temporadas y que la misma ira en aumento.

La gloria postrera será mayor que la primera. (Hageo 2:9)

- Pablo de igual forma tuvo contacto con la dimensión de gloria, él también fue arrebatado al cielo, donde vio y oyó cosas que eran superiores a la dimensión natural.

Conozco a un hombre en Cristo, que hace catorce años (si en el cuerpo, no lo sé; si fuera del cuerpo, no lo sé; Dios lo sabe) fue arrebatado hasta el tercer cielo. Y conozco al tal hombre (si en el cuerpo, o fuera del cuerpo, no lo sé; Dios lo sabe), que fue arrebatado al paraíso, donde oyó palabras inefables que no le es dado al hombre expresar (2 Corintios 12:2-4).

93

- Pablo enseñó que el Rey de gloria vendrá por una iglesia de gloria y al igual que el profeta Hageo enseñó que había diferentes niveles de gloria y que la gloria trae transformación, cambio, progreso.

> Por tanto, nosotros todos, mirando a cara descubierta como en un espejo la gloria del Señor, somos transformados de gloria en gloria en la misma imagen, como por el Espíritu del Señor. (2 Corintios 3:18)

- Juan el anciano apóstol estando en cautiverio en la isla de Patmos tuvo vislumbres de la gloria del Señor. Tuvo la visita del Cristo glorificado y de ahí fue arrebatado al cielo.

> Y en medio de los siete candeleros, a uno semejante al Hijo del Hombre, vestido de una ropa que llegaba hasta los pies, y ceñido por el pecho con un cinto de oro. Su cabeza y sus cabellos eran blancos como blanca lana, como nieve; sus ojos como llama de fuego; y sus pies semejantes al bronce bruñido, refulgente como en un horno; y su voz como estruendo de muchas aguas. Tenía en su diestra siete estrellas; de su boca salía una espada aguda de dos filos; y su rostro era como el sol cuando resplandece en su fuerza.
> (Apocalipsis 1:13-16)

- En el libro de Apocalipsis vemos el final de la historia humana donde la ciudad santa opera en la dimensión de gloria. (No tiene necesidad de luz, porque la gloria de Dios la ilumina) El ámbito de gloria es el que prevalecerá.

> Y no vi en ella templo; porque el Señor Dios Todopoderoso es el templo de ella, y el Cordero. La ciudad no tiene necesidad de sol ni de luna que brillen en ella; porque la gloria de Dios la ilumina, y el Cordero es su lumbrera. Y las naciones que hubieren sido salvas andarán a la luz de ella; y los reyes de la tierra traerán su gloria y honor a ella. (Apocalipsis 22:21-24)

Definiciones

Gloria es el ámbito de la eternidad. Gloria es la revelación y manifestación de la presencia de Dios. Gloria es la atmósfera del cielo invadiendo la tierra. Es lo eterno visitando lo temporal, irrumpiendo en lo pasajero. La palabra gloria en hebreo es **Shekinak** que es referencia a la presencia poderosa de Dios. También está la palabra **Kabod** que es sinónimo de peso, carga, En el griego la palabra es **Doxa** que también tiene la connotación de peso, y autoridad. Es la presencia y autoridad que cargaban los jueces al entrar a su sala. En el ámbito de la gloria las cosas son más fáciles, la fe está a su nivel máximo. Es donde Dios mismo toma la iniciativa, establece la agenda, el hace, el decide, se rompe la rutina y la religiosidad,

Gloria es el ámbito de lo sobrenatural, de los milagros, de sanidades, y provisión sobrenatural.
Los milagros deben ser lo normal en la vida del Reino. Donde hay gloria habrá milagros y habrá sanidades de todo tipo. Habrá provisión sobrenatural: habrá cuervos que encontrarán a los Elías de hoy, de una canasta con 5 panes y dos peces se alimentarán miles. El aceite y la harina no escaseará. Es el tiempo de lo sobrenatural.

Gloria es el ámbito de gozo, fiesta, de descanso, restauración y disfrute de su presencia,
Pedro dijo que de la presencia del Señor vendrán tiempo de refrigerio. (vea Hechos 3:19) Es tiempo de refrigerio. Hay una iglesia y liderazgo cansado, ajado, afanado, operando en la energía de la carne y en la dimensión natural. Muchos hemos estado enfrentando batalla tras batalla, pero la gloria traerá descanso y renovación. Cuando Isaías se levantó, se levantó con nuevas fuerzas. Recordemos que el gozo del Señor es nuestra fortaleza.

En la gloria hay aceleramiento.
El tiempo se mide diferente al natural. Lo que tomaba más tiempo se hará más rápido. Lo vemos

en la sanidad del cojo de la hermosa. Una persona lisiada de sus pies desde su nacimiento, al recibir la sanidad de sus pies, no sólo caminó, pero saltó. Todo esto sin terapias ni ayuda. Se supone que pasara un tiempo para coordinar y dominar esos músculos y su sistema pensante. Pero hubo aceleramiento. Gloria trae aceleramiento.

Vemos aceleramiento en el milagro del vino de las bodas de Canaán que hace Jesús. El milagro no solo fue que el agua se convirtiera en vino, pero el otro milagro fue que se convirtiera en el mejor vino. El mejor vino toma años en llegar a esa condición (proceso de añejamiento) El maestre testificó que era el mejor vino. La gloria trajo aceleramiento.

Vemos aceleramiento en la forma que el Espíritu transporta al evangelista Felipe. El Espíritu le da orden que camine al desierto. Así encuentra al eunuco que entonces le invita a subir a su carruaje. Finalmente, al bajar del carruaje el Espíritu lo arrebata y lo lleva en minutos a la ciudad de Azoto. Aceleramiento. Gloria trae aceleramiento.

> Cuando subieron del agua, el Espíritu del Señor arrebató a Felipe; y el eunuco no le vio más, y siguió gozoso su camino.
> Pero Felipe se encontró en Azoto; y pasando, anunciaba el evangelio en todas las ciudades, hasta que llegó a Cesarea. (Hechos 8:39-40)

La gloria trae una nueva perspectiva de los tiempos.

Ahora vemos desde los lugares celestiales, desde el trono de Dios. Desde lugares más alto. Recordemos que cuando la gloria visito al anciano Juan en la isla de Patmos, fue arrebatado al tercer cielo y entonces se le dice que, desde esa posición, mire a la tierra, y vea desde esa perspectiva lo que ha de acontecer. La gloria trae posicionamiento para tener mejor perspectiva y entendimiento, tener mejor visión. La gloria nos hace ascender y tomar alturas, Recordemos que los pensamientos de Dios y sus caminos son más altos que los nuestros. Es imposible que la iglesia sea el águila de Isaías 41 sin la manifestación de la gloria. Es tiempo de volar alto y entender los tiempos que vivimos y lo que vendrá. Gloria y Futuro están conectado. Hay un llamado a la iglesia de hoy, que suba, mire y entienda.

> Después de esto miré, y he aquí una puerta abierta en el cielo; y la primera voz que oí, como de trompeta, hablando conmigo, dijo: Sube acá, y yo te mostraré las cosas que sucederán después de estas. Y al instante yo estaba en el Espíritu; y he aquí, un trono establecido en el cielo, y en el trono, uno sentado (Apocalipsis 4:1-2).

(Vea que también el elemento de aceleramiento está presente: "Al instante." Al instante Juan pasó de la cárcel de Patmos al cielo.)

La gloria trae dirección.

Vemos que la gloria en el desierto fue representada por una nube.

> Y hablando Aarón a toda la congregación de los hijos de Israel, miraron hacia el desierto, y he aquí la gloria de Jehová apareció en la **nube**. (Éxodo 16:10)

La nube de gloria iba al frente del pueblo camino a la tierra prometida. Cuando la nube se movía, el pueblo se movía y se movían en la dirección de la nube. Cuando la nube se detenía, el pueblo se detenía. Había una sincronización y alineamiento del pueblo con la nube.

> Y partieron de Sucot y acamparon en Etam, a la entrada del desierto. Y Jehová iba delante de ellos de día en una columna de nube para guiarlos por el camino, y de noche en una columna de fuego para alumbrarles, a fin de que anduviesen de día y de noche. Nunca se apartó de delante del pueblo la columna de nube de día, ni de noche la columna de fuego. (Éxodo 13:20-22)

Necesitamos nuevamente que la gloria establezca dirección y alineamiento de la iglesia con el cielo. Cuando hay presencia de gloria habrá un impacto en la dirección y avance del pueblo rumbo a su destino divino. Dejaremos la improvisación o el establecimiento de rutas de acuerdo con nuestro entendimiento o caprichos humanos. Cuando Pablo y Silas querían ir a predicar a Asia, el Espíritu los detuvo y le dio la dirección correcta: Europa. Hay muchos siervos de Dios fuera de ruta, extraviados en el desierto, dando vueltas en el mismo lugar. Caminando hacia Moab cuando la ruta es a Belén como le pasó a Orfa y a Lot cuando se plantó en Sodoma y Gomorra en vez de seguir con Abraham.

La gloria trae provisión, abundancia y riquezas.

Hay una conexión poderosa entre gloria y riquezas. Donde hay manifestación de la gloria se combate la pobreza y la escasez. Necesitamos en este tiempo donde la economía a nivel mundial está en precario, en incertidumbre, que la iglesia impulse la visión con la provisión que viene de la manifestación de la gloria del Señor. David tuvo revelación al respecto:

> Asimismo, se alegró mucho el rey David, y bendijo a Jehová delante de toda la congregación; y dijo David: Bendito seas tú, oh Jehová, Dios de Israel nuestro padre, desde el siglo y hasta el siglo. Tuya es, oh Jehová, la magnificencia y el poder, la gloria, la victoria y el honor; porque todas las cosas que están en los cielos y en la tierra son tuyas. Tuyo, oh Jehová, es el reino, y tú eres excelso sobre todos. Las riquezas y la gloria proceden de ti, y tú dominas, sobre todo; en tu mano está la fuerza y el poder, y en tu mano el hacer grande y el dar poder a todos. (1 Crónicas 29: 10-12)

David declaró que tanto gloria y riquezas están conectadas, viene de la misma fuente: Dios. Lo que luego el profeta Habacuc enseñaría que de Dios es el oro y la plata. (Hageo 2:9)

De igual forma el apóstol Pablo tuvo revelación entre la conexión de gloria y riquezas. Es por eso que la iglesia puede y debe seguir operando aun en los tiempos críticos, porque nuestra provisión en último caso viene de las riquezas en gloria. Pablo entendió que Dios supliría todo y, todo es todo, porque la fuente de esa provisión no está conectada a Wall St. ni a los emiratos árabes, pero las riquezas en Gloria administrada por Jesús, cabeza de la iglesia. Aleluya. La gloria traerá revelación de la economía sobrenatural.

> Mi Dios, pues, suplirá todo lo que os falta conforme a sus riquezas en gloria en Cristo Jesús. (Filipenses 4:19)

Vemos en la historia de Obed- Edom como él y toda su familia y descendencia fueron prosperado en todas las áreas incluyendo la económica debido a que el arca del pacto (símbolo de la presencia y gloria de Dios) estuvo tres meses en su casa. Obed Edom honró la presencia de Dios teniendo el cuidado que merecía el arca del pacto. Fue tanta la bendición que recibió Obed-Edom que la noticia llegó a al mismo rey

David retándolo a terminar el proceso de llevar el arca a donde debía estar.

> De modo que David no quiso traer para sí el arca de Jehová a la ciudad de David; y la hizo llevar David a casa de Obed-Edom geteo. Y estuvo el arca de Jehová en casa de Obed-Edom geteo tres meses; y bendijo Jehová a Obed-Edom y a toda su casa. Fue dado aviso al rey David, diciendo: Jehová ha bendecido la casa de Obed-Edom y todo lo que tiene, a causa del arca de Dios. Entonces David fue, y llevó con alegría el arca de Dios de casa de Obed-Edom a la ciudad de David. (2 Samuel 6:10-12)

Donde se manifieste la gloria habrá cambios

Doquiera que se manifieste un vislumbre de la gloria del Señor habrá cambios y transformación, nada se quedará igual. Habrá aceleramiento, milagros, riquezas, provisión, dirección y refrigerio. La gloria del Señor no se puede tomar de manera liviana, tiene un impacto poderoso en las personas y en los ambientes donde se manifiesta. Y estamos hablado solo de vislumbres de la gloria del Señor. Quiero que veamos ahora en la palabra algunos cambios físicos (no sólo espirituales) que pudieron experimentar aquellos que estuvieron expuestos a vislumbres de gloria. No fueron jamás los mismos.

• Inauguración del templo de Salomón

Cuando la gloria del Señor descendió en la dedicación del templo construido por el rey

102

Salomón, nadie podía estar en pie. Todos estaban postrados, y los sacerdotes por un buen tiempo no pudieron ministrar, porque ahora era el Señor estaba ministrando.

> Cuando Salomón acabó de orar, descendió fuego de los cielos, y consumió el holocausto y las víctimas; y la gloria de Jehová llenó la casa. Y no podían entrar los sacerdotes en la casa de Jehová, porque la gloria de Jehová había llenado la casa de Jehová. Cuando vieron todos los hijos de Israel descender el fuego y la gloria de Jehová sobre la casa, se postraron sobre sus rostros en el pavimento y adoraron, y alabaron a Jehová, diciendo: Porque él es bueno, y su misericordia es para siempre. (2 Crónicas 7:1-4)

- **Belén**

Los pastores de Belén se llenaron de gran temor ante la manifestación de la gloria en sus campos en la noche que nació Jesús.

> Había pastores en la misma región, que velaban y guardaban las vigilias de la noche sobre su rebaño. Y he aquí, se les presentó un ángel del Señor, y la gloria del Señor los rodeó de resplandor; y tuvieron gran temor. (Lucas 2:8-9)

- **Isaías**

Fue el mismo temor que vino sobre Isaías. De manera que cayó al piso y estuvo consiente que podía morir por estar expuesto a la gloria del Señor.

> Entonces dije: ¡¡Ay de mí! que soy muerto; porque siendo hombre inmundo de labios, y habitando en medio de pueblo que tiene labios inmundos, han visto mis ojos al Rey, Jehová de los ejércitos. (Isaías 6:5)

• Juan, el apóstol

Igual pasó con Juan en la isla de Patmos ante el Cristo glorificado, el cayó al piso, como muerto.

> Cuando le vi, caí como muerto a sus pies. Y él puso su diestra sobre mí, diciéndome: No temas; yo soy el primero y el último; y el que vivo, y estuve muerto; mas he aquí que vivo por los siglos de los siglos, amén. Y tengo las llaves de la muerte y del Hades.
> (Apocalipsis 1:13-18)

• Pablo en Damasco

Cuando Pablo tuvo el encuentro con Jesús glorificado en Damasco cayó al piso, golpeado, como muerto y quedando ciego por tres días.

> Mas yendo por el camino, aconteció que, al llegar cerca de Damasco, repentinamente le rodeó un resplandor de luz del cielo; y cayendo en tierra, oyó una voz que le decía: Saulo, Saulo, ¿por qué me persigues? Él dijo: ¿Quién eres, Señor? Y le dijo: Yo soy Jesús, a quien tú persigues; dura cosa te es

dar coces contra el aguijón. El, temblando y temeroso, dijo: Señor, ¿qué quieres que yo haga? Y el Señor le dijo: Levántate y entra en la ciudad, y se te dirá lo que debes hacer. Y los hombres que iban con Saulo se pararon atónitos, oyendo a la verdad la voz, mas sin ver a nadie. Entonces Saulo se levantó de tierra, y abriendo los ojos, no veía a nadie; así que, llevándole por la mano, le metieron en Damasco, donde estuvo tres días sin ver, y no comió ni bebió. (Hechos 9: 3-9)

- **Moisés en Sinaí**

  Cuando Moisés se expuso a la gloria en el Sinaí al bajar tuvo que cubrir su rostro que había quedado impregnado en por qué los demás no podían resistirla ni manejarla. Y aconteció que descendiendo Moisés del monte Sinaí con las dos tablas del testimonio en su mano, al descender del monte, no sabía Moisés que la piel de su rostro resplandecía, después que hubo hablado con Dios. Y Aarón y todos los hijos de Israel miraron a Moisés, y he aquí la piel de su rostro era resplandeciente; y tuvieron miedo de acercarse a él. (Éxodo 34:29-30)

Muchas veces cantamos sobre gloria, oramos y enseñamos sobre la gloria, pero pocas veces experimentamos un vislumbre de su gloria. Porque falta el elemento del cambio y transformación. Seguimos mirando el reloj, seguimos mascando "chiclets" seguimos conectado al celular y al final decimos: fue un bonito culto. ¿De verdad estamos en medio de vislumbres de gloria? Hermanos que están enojados con otros hermanos, llegaron así y así se fueron. ¿Dónde están las marcas que deja la gloria en medio de aquellos que la experimentan? Si Pablo cayo y perdió la visión, Juan e Isaías por poco mueren, y de hecho Ananías y Safira murieron, si los músicos de Salomón y sacerdotes no pudieron seguir ministrando como querían, si Moisés tuvo que cubrir su rostro, ¿y nosotros que? A veces lo que hay es costumbre, liturgia, emociones y entretenimiento. Necesitamos gloria ahora.

Gloria y santidad

Como hemos visto en los pasajes anteriores la gloria no es juego y no debe ser tomada livianamente. La gloria trae énfasis en la santidad de Dios, y ciertamente provocará que la iglesia crezca, pero también habrá decrecimiento. Porque aquellos que no arreglen sus vidas con el Señor, y pretendan seguir viviendo en pecado, no podrán resistir la gloria y presencia del Señor y se irán. No dirán que fue por eso, pero esa es la verdadera razón. Tendrán que rendirse a Dios por completo, o simplemente abandonar la iglesia, porque no podrán resistir la gloria y la santidad del Señor.

Recordemos que Isaías no solo estuvo consiente de la gloria del Señor, pero también de la santidad de Dios. (tres veces santo.) En la iglesia primitiva había un alto nivel de gloria, aun con la sombra de Pedro los enfermos se sanaban, por eso había temor y los juicios de Dios se manifestaban más rápidamente. Por eso murió Ananías y Safira por mentir y engañar en un ambiente de gloria. A mayor nivel de gloria, mayor presencia del Señor, el juicio es ejecutado más rápido. Mayor cuidado tenemos que tener. Gloria, temor y respeto van de la mano.

No sabemos mucho sobre el ámbito de la gloria, y tenemos mucho que aprender a fin de poder movernos y crecer en esa área. Pero el Espíritu Santo nos ayudará en esa dirección si tenemos hambre de su gloria. Lo que sí sabemos es que alabanza y adoración están conectada con la manifestación de vislumbres de gloria. Estamos a punto a ver el mover más grande del Señor en medio de su iglesia, ciertamente la gloria postrera será mayor que la primera. Este es el mensaje a los profetas y adoradores de este tiempo, y a la iglesia del Señor:

> Levántate, resplandece; porque ha venido tu luz, y la gloria de Jehová ha nacido sobre ti. Porque he aquí que tinieblas cubrirán la tierra, y oscuridad las naciones; mas sobre ti amanecerá Jehová, y sobre ti será vista su gloria. (Isaías 60:1-2)

Necesitamos que sobre la iglesia sea vista la gloria del Señor. Que cada líder, profeta, pastor, salmista y adorador se levanten en esta hora porque una nueva dimensión de gloria viene para esta temporada.

6 Desatando el nuevo sonido para esta temporada

> Porque la tierra será llena del conocimiento de la gloria de Jehová, como las aguas cubren el mar.
> (Habacuc 2:14)

Quiero iniciar este capítulo declarando que ciertamente viene un movimiento de gloria a nivel mundial, que de hecho ya ha empezado. Porque se cumplirá lo que profetizó el profeta Habacuc cuando dijo: "La tierra será llena del conocimiento de la gloria de Jehová, como las aguas cubren el mar." El texto dice será llena, es una orden, vendrá sin duda o titubeos, es algo que ya ha sido establecido en el calendario profético del cielo. Nadie podrá impedirlo, solamente tenemos dos opciones o lo ignoramos y la rechazamos o la recibimos y venimos a ser parte de ese movimiento de gloria de esta temporada.

La declaración profética dice que la gloria cubrirá toda la tierra. Sin excepción de países. Tocará los cuatro extremos de la tierra, los cuatro puntos cardinales, Desde Asia, Europa, África, Australia, Las Américas, y el Caribe, en fin, toda la tierra. El texto dice será llena toda la tierra, pero no de religión, culturas, ideas, gustos, opiniones, estilos, cultos, música, será llena con el conocimiento de la gloria del Señor.

Viene una revelación sobre la gloria, para combatir la ignorancia bíblica sobre este tema. En especial lo que tiene que ver con gloria, adoración, salmistas y profetas. La revelación de la gloria nos moverá a participar de ese ámbito. Yo me estoy preparando para ese movimiento de gloria, yo quiero esa revelación, porque reconozco que lo sé es poco, pero quiero más. Quiero moverme según la nube se mueva. Tengo hambre de esa gloria venidera. Yo me levanto con expectativas cada día, porque sé que el sonido va a ser liberado y no quiero quedarme atrás. Quiero ser parte de los que puedan oír ese sonido de gloria y quiero ser parte de los que liberen ese sonido de gloria en esta temporada. Yo quiero poder ministrar en ese ámbito de gloria.

Salmistas, músicos, profetas y adoradores somos responsables de oír y traer el sonido de gloria de esta temporada y no solamente repetir los mismos sonidos. Vienen nuevos cánticos y nuevas melodías, que serán reveladas a los salmistas de cada iglesia. Ellos serán responsables de componer cánticos que irán de la mano de la visión de la iglesia y del mover de Dios en ese lugar. Podrán cantar cánticos que se mueven a nivel mundial, pero paralelamente producirán un nuevo sonido y levantarán cánticos nuevos.

Este es un tiempo de cambio, no porque lo anterior no haya sido bueno, es que viene una gloria mayor. Se romperán modelos, estructuras, estilos de lo que estamos acostumbrados, de lo conocido, de la rutina, de lo mecánico y lo superficial. La profeta Rut Ward dijo que al igual que en la dimensión de adoración, en la dimensión de gloria los cánticos son más sencillos en su letra y enfocados en la belleza y grandeza del Señor. Es el tiempo de cánticos nuevos, que traerán lo del cielo a la tierra, donde el tema principal será la gloria del Señor. Por eso es clave la participación profética como nunca. Viene una generación que fluirá en la adoración profética.

Nuevo sonido
Cuando se inicia una nueva temporada en el reino o en la vida de la iglesia casi siempre se inicia o se desata con un sonido de gloria. El sonido de gloria se ha manifestado en cada temporada de la iglesia, el problema ha sido que solo algunos lo oyen y muy pocos han fluido con el sonido. Pero sonido y gloria han estado unidos siempre.

Permíteme decir algo sobre el sonido...
Los sonidos son poderosos aún en el ámbito natural. Los sonidos son ondas que se mueven en la atmósfera, que viajan e impactan. Una soprano o tenor pueden con sus ondas vocales romper

vasos de cristal entre otras cosas, sin tocarlos físicamente. Porque entran en una frecuencia poderosa, que tiene poder para invadir, impactar y afectar. Los sonidos afectan nuestro ser emocional, física y espiritualmente. Fue el sonido del arpa de David que afectó a los espíritus malos que tuvieren que alejarse. Fue el sonido del Shofar y el grito de los israelitas que provocó el derrumbe de la muralla de Jericó. ¿No sería esta la razón de los que pasó en el calabozo de Filipo mientras Pablo y Silas cantaban y oraban? Es el sonido de los instrumentos de los músicos de Asaf que invadían los cielos y profetizaban con ellos. Cambiando atmósferas y personas. Es el sonido de la alabanza que hace que Dios habite en medio de su pueblo.

Las palabras son sonidos al igual que la música. Las palabras de los profetas, sus declaraciones y decretos son igual a las ondas sonoras de una soprano. Dios le dijo a Jeremías: he puesto mis palabras en tu boca y ahora cuando hables, cuando profetices (ese sonido) hará que cosas sean derribadas, destruidas, arruinadas y otras plantadas y edificadas. (Jeremías 1:9-100) ¿Cuál sonido estamos produciendo en nuestras vidas, cuando cantamos y tocamos, cuando alabamos a Dios, cuando predicamos y profetizamos? ¿Será un sonido de gloria o un sonido de la carne, será un sonido espiritual o un sonido natural? ¿Será un sonido que sea afinado, placentero a nuestros sentidos, pero espiritualmente carezca de poder? ¿Qué solo nos entretenga y llegue solo al nivel del alma? Veamos algunos ejemplos en las escrituras del poder del sonido

El sonido de gloria se escuchó en el Monte Sinaí.

Allí el Señor convocó al pueblo de Israel para transicionales de ser esclavos ser libres, para transicionales de tribus para hacer de ellas una nación. Allí le dio la constitución como nueva nación. Con aquel sonido de gloria se inició una nueva temporada. El texto dice que el sonido de la bocina iba en aumento y Dios hablaba con voz (sonido) tronante.

> Aconteció que, al tercer día, cuando vino la mañana, vinieron truenos y relámpagos, y espesa nube sobre el monte, y sonido de bocina muy fuerte; y se estremeció todo el pueblo que estaba en el campamento. Y Moisés sacó del campamento al pueblo para recibir a Dios; y se detuvieron al pie del monte. Todo el monte Sinaí humeaba, porque Jehová había descendido sobre él en fuego; y el humo subía como el humo de un horno, y todo el monte se estremecía en gran manera. El sonido de la bocina iba aumentando en extremo; Moisés hablaba, y Dios le respondía con voz tronante. (Éxodo 19:16-19)

El sonido de gloria se escuchó en Jericó

Después de 40 años en el desierto, finalmente el pueblo se desciende a cruzar el rio Jordán bajo el liderazgo de Josué. Jericó estaba fuertemente custodiada y amurallada. Pero al séptimo día a la séptima vuelta de ese día se escuchó el sonido de gloria producido por las trompetas y el shofar de los sacerdotes y el grito del pueblo. El texto dice se oye el sonido de la bocina y el pueblo gritó con gran vocerío. Este sonido no fue un sonido solo en el plano natural, un sonido espiritual poderoso que hizo que el muro cayera. A su vez el muro cayendo produjo otro sonido más evidencia del poder del primer sonido. Con aquel sonido se inició una nueva temporada, pasaron de deambular en el desierto para poseer la tierra. Vinieron a ser conquistadores y dueños de la tierra en vez de ser solo transeúntes del desierto. De vivir en casetas y comer maná, a construir sus casas, sembrar la tierra, desatar cosechas e inversiones.

> Entonces el pueblo gritó, y los sacerdotes tocaron las bocinas; y aconteció que cuando el pueblo hubo oído el sonido de la bocina, gritó con gran vocerío, y el muro se derrumbó. El pueblo subió luego a la ciudad, cada uno derecho hacia adelante, y la tomaron. (Josué 6:20)

El sonido en la inauguración del nuevo templo de Salomón.

El texto dice que cuando entraron los sacerdotes, levitas y músicos con sus instrumentos de viento, cuerdas y percusión y produjeron el primer sonido en aquel lugar la gloria del Señor llenó la casa. Y nadie más podía ministrar, estaban en el piso, porque la nube de la gloria tomó autoridad. Sonido de gloria para una nueva temporada. Transición del tabernáculo al templo. De lo temporal a lo estable.

> Cuando Salomón acabó de orar, descendió fuego de los cielos, y consumió el holocausto y las víctimas; y la gloria de Jehová llenó la casa. Y no podían entrar los sacerdotes en la casa de Jehová, porque la gloria de Jehová había llenado la casa de Jehová. Cuando vieron todos los hijos de Israel descender el fuego y la gloria de Jehová sobre la casa, se postraron sobre sus rostros en el pavimento y adoraron, y alabaron a Jehová, diciendo: Porque él es bueno, y su misericordia es para siempre. (2 Crónicas 7:1-3)

El sonido del shofar anunciando el año de jubileo

Cada cincuenta años se celebraba el año de jubileo. El mismo consistía en la cancelación de deudas contraídas en todos esos años. Deudas que habían creado pobreza, servidumbre, y pérdida de propiedades entre otras cosas eran canceladas y recuperadas. Año de restitución. Pero ahora iniciaba una temporada de restauración, libertad y nuevos inicios. Y esa temporada se iniciaba con el sonido del shofar a través de toda la nación, anunciando la llegada del jubileo. El texto dice que llegado la temporada "harás tocar fuertemente la trompeta". Instrucciones claves. Pero este sonido musical iba de la mano del sonido profético. Iba de la mano de la voz del pregonero que iba anunciando libertad en la tierra a todos sus moradores. El sonido doble que anunciaba la llegada de una nueva temporada. No era algo trivial y el sonido era clave.

> Entonces harás tocar fuertemente la trompeta en el mes séptimo a los diez días del mes; el día de la expiación haréis tocar la trompeta por toda vuestra tierra. Y santificaréis el año cincuenta, y pregonaréis libertad en la tierra a todos sus moradores; ese año os será de jubileo, y volveréis cada uno a vuestra posesión, y cada cual volverá a su familia. (Levítico 25:9-10)

El sonido de la lluvia grande que oyó el profeta Elías.

La nación estaba experimentando tres largos años de sequía donde se había experimentado grandes pérdidas, pobreza y hambre. Pero ahora vemos que el profeta anuncia el fin de la sequía y da orden para que se preparen para la lluvia que viene. Lo interesante fue que Elías oyó primero en su espíritu el sonido de una lluvia grande que venía, antes que llegara. Vio muchas nubes que venían llenas de agua, cuando su siervo solo veía una nubecita del tamaño de un puño. Un sonido que liberó una nueva temporada que les permitía volver a sembrar y cosechar y restaurar sus negocios y volver a la vida normal.

> Entonces Elías dijo a Acab: Sube, come y bebe; porque una lluvia grande se oye. (1 Reyes 18:41)

El sonido que oyó el profeta Isaías

Isaías no solo vio al que estaba sentando en el trono, pero oyó el sonido de la adoración del cielo. Oyó a los ángeles entonando el cántico que decía: Santo, Santo, Santo, toda la tierra está llena de su gloria. Ese sonido cambió al profeta y su ministerio. Ese sonido de gloria provocó otros sonidos como el sonido de los quiciales de las puertas del templo. Anunciando la llegada de una nueva temporada en su vida. Era su llamado al ministerio. (Vea Isaías 6:1-4)

> En el año que murió el rey Uzías vi yo al Señor sentado sobre un trono alto y sublime, y sus faldas llenaban el templo. Por encima de él había serafines; cada uno tenía seis alas; con dos cubrían sus rostros, con dos cubrían sus pies, y con dos volaban. Y el uno al otro daba voces, diciendo: Santo, santo, santo, Jehová de los ejércitos; toda la tierra está llena de su gloria. Y los quiciales de las puertas se estremecieron con la voz del que clamaba, y la casa se llenó de humo.

117

El sonido en el aposento alto

Por 10 días 120 discípulos oraban y esperaban en el aposento por la promesa del Espíritu Santo. El texto dice que de repente se escuchó un gran estruendo del cielo (un gran ruido) como un viento recio, de tormenta. Entonces todos fueron llenos del Espíritu Santo. Allí nació la iglesia del Señor, pasaron de ser un grupo de discípulos para ser la iglesia gloriosa del Señor. La iglesia nació por el sonido de gloria producido por el Espíritu Santo. (Vea Hechos 2:1-4)

> Cuando llegó el día de Pentecostés, estaban todos unánimes juntos. Y de repente vino del cielo un estruendo como de un viento recio que soplaba, el cual llenó toda la casa donde estaban sentados; y se les aparecieron lenguas repartidas, como de fuego, asentándose sobre cada uno de ellos. Y fueron todos llenos del Espíritu Santo, y comenzaron a hablar en otras lenguas, según el Espíritu les daba que hablasen.

El sonido en el calabozo de Filipo

Pablo y Silas habían sido apresados, por predicar el evangelio. Pero a la media noche Pablo y Silas oraban a Dios, pero también cantaban himnos a Dios. De tal manera que aun los presos lo oían. Yo no sé si Pablo y Silas era un dúo afinado y armonioso, que pudieran en este tiempo grabar algún cd o dar un concierto en algún coliseo. Pero el texto dice que cuando cantaron, cuando produjeron un sonido diferente otros sonidos que había en aquel lugar, sonido desató y provocaron su liberación. Ellos portaban en sus gargantas el sonido de gloria. no era un simple cántico, era un sonido de gloria. Vemos a un apóstol y un profeta unidos, vemos oración y adoración unidos, produciendo un sonido de gloria. No había micrófonos, instrumentos, ni danza, sus pies estaban en el cepo, igual sus manos. Pero a la medianoche se oyó el sonido de gloria que salía de la boca de Pablo y Silas. Y ese sonido produjo una serie de sonidos en cadenas. El sonido del terremoto, el sonido de los cepos y cadenas rompiéndose y el sonido de las puertas abriéndose. El sonido que provoco un nuevo tiempo en Filipos, la llegada del evangelio y el nacimiento de una iglesia poderosa.

> Pero a medianoche, orando Pablo y Silas, cantaban himnos a Dios; y los presos los oían. Entonces sobrevino de repente un gran terremoto, de tal manera que los cimientos de la cárcel se sacudían; y al instante se abrieron todas las puertas, y las cadenas de todos se soltaron. (Hechos 16: 25-26)

Un sonido de gloria que rompió ligaduras trajo libertad y salvación. Cambio corazones duros en corazones que deseaban a Jesús como fue el del carcelero y su familia, y luego toda la ciudad de Filipo. Viene un sonido de gloria que llenará toda la tierra. ¡Viene gloria para RIAR! Prepárate Springfield, Holyoke, Hartford, New Britain, Stamford, Paterson, Lebanon. Prepárate Rio Grande, República Dominicana, Perú, Venezuela, Argentina. ¿Lo oiremos, lo reproduciremos? Viene gloria a tu vida y a tu iglesia.

La manifestación de la gloria del Señor no vendrá por sí sola.

Alguien tiene que desearla, buscarla, anhelarla, provocarla, y pedirla en oración. ¿Acaso esa no fue la oración de Moisés, de Habacuc, de David, pidiendo que el Señor les mostrara su gloria? A principio del mes de marzo 2017 inicie esta serie de conferencias para el equipo de adoración IAR RG. Estando casi a punto de salir de mi oficina después de orar y repasar las notas de la conferencia el Señor habló claramente a mi espíritu y me dijo: La próxima manifestación de gloria en esta temporada estará mayormente en manos de los salmistas y los profetas. Adoración profética. Sabemos que en esta última temporada el Señor ha estado reactivando los 5 oficios ministeriales según Efesios 4:11-12 en especial lo apostólico y lo profético. Lo que se ha identificado como la nueva reforma apostólica.

Pero ahora el Señor está llevando al ministerio adoración y el ministerio profético a un nuevo encuentro, a una unidad para que produzcan el nuevo sonido de gloria de esta temporada. Esto implica que apóstoles tendrán que profundizar en la adoración profética. De igual forma los pastores, maestros, intercesores, guerreros espirituales, evangelistas y claro está también los salmistas. En fin, una iglesia con un manto de adoración profética que desatará el nuevo sonido de gloria de esta temporada. Que provocará el sonido de Jericó, del shofar, del jubileo, el sonido de la lluvia que pone fin a la sequía, el sonido de Filipo, el sonido del viento recio del aposento.

Tengamos claro que esto implica un gran reto y responsabilidad sobre los salmistas y profetas. Porque para que el sonido de esta temporada se desate vendrán cambios que nos van a sacudir primero a nosotros. Cambios para pasar de la gloria que vivimos, que conocemos, y dominamos a la gloria venidera. Cambios que han de remover los vestigios de religiosidad que aún tenemos, patrones aprendidos y la rutina de cada domingo. Donde se nos llama a transicionar de cantar a adorar, de músicos salmistas, de Saúl a David, de Uza a Obed-Edom, de cánticos con entendimientos a cánticos espirituales y cánticos nuevos, de tocar instrumentos a profetizar con los instrumentos.

Saúl: Siendo rey nunca se interesó en rescatar el arca de la presencia de Dios. (su gloria) El arca había sido tomada por los filisteos y había sido abandonada. Saúl funcionó en su posición de rey sin el arca de la presencia, nunca la extraño. Todo lo opuesto a David, que entre sus primeras gestiones como rey fue rescatar el arca y traerla a la ciudad santa, porque él era un enamorado de la presencia de Dios. Saúl se contentó con la posición, no le interesaba la presencia de Dios. Pero David quería la presencia más que la posición.

Hoy muchos quieren la posición y no necesariamente la presencia de Dios. Quieren el altar, el micrófono, el liderazgo, pero no necesariamente al Señor. Yo he visto a muchos creyentes que hacen cosas maravillosas en el ministerio, aun se sacrifican y pagan el precio, mientras ellos sean el líder principal. Pero el año que no le toca presidir, pero seguir, entonces pierden la pasión, la presencia y respaldo. No lo hacían para el Señor, era para ellos mismos, era un compromiso con la posición no con la presencia.

Así he conocido y pastoreado a muchos salmistas y músicos. Que les interesa poder tocar o cantar el domingo en el altar, en eventos especiales, arriba y abajo con el redoblante, la guitarra y un micrófono. Pero cuando no están en posición, entonces no están apasionado por la presencia de Dios. Muchos cuando no les toca cantar o tocar ese domingo no vienen, o llegan tarde. Cuando están en el altar son una cosa, cuando están en la nave son otra cosa. Arriba fluyen en la unción, pero abajo es difícil identificarlos como salmistas o gente apasionada por la presencia de Dios. Se ven serios, indiferentes, entretenidos, callados. Pero vuelve y súbelos al altar y vuelven y se activan. La iglesia está llena de luchas y contiendas por posiciones, de protagonismo, pero no tienen la misma pasión por buscar la presencia de Dios. Hay más Saúl que David.

David: Déjame decirlo de nuevo: David a diferencia de Saúl era un hambriento de la presencia de Dios. No dependía de la reunión de la congregación para alabar a Dios. Él lo buscaba de continuo. En la madrugada, y muchas veces en las vigilias de la noche. El escribió en el Salmo 63:1-3:

> Dios, Dios mío eres tú; de madrugada te buscaré; (no posición, no el domingo que me toque cantar o tocar) para ver tu poder y tu gloria, (no para que me vean a mí, no para quemar fiebre, no para ejercer mis talentos, no por una ofrenda) cuando me acuerde de ti en las vigilias de la noche.

¿El equipo de adoración y de danza está compuesto por Saúl o David? El problema de la iglesia de hoy es que tenemos tecnología equipos, voces, talentos, estudios, buenos cantantes, predicadores y maestros, pero falta el arca. Lo demás es bueno y necesario, pero sigue faltando el arca. Nos hemos como Saúl acostumbrado a ejercer nuestro oficio, nuestro ministerio, sin el arca, sin la gloria, sin la presencia. Y como suena bien a los oídos, como hay armonía y un sonido musical correcto, lo aceptamos, pero sigue faltando el arca. Con talentos y habilidades podemos tener espectáculos y entretenimiento donde la gente se sienta a observar como espectadores en vez de adoradores. Somos la generación de Saúl cuando debemos ser la generación de David. "we need the glory back, right now", Necesitamos que la gloria vuelva a nuestras reuniones **ahora**. Se necesitan la generación de David que digan: "no seguimos adelante sin la presencia de Dios."

La gloria del Señor es exigente y delicada, ("manéjese con cuidado") Es exigente primero porque la gloria es Shekinak, es kabot, o sea la presencia pesada, majestuosa, poderosa, santa de Dios en medio de su pueblo. Déjeme volver acentual la conexión entre gloria y santidad. No podemos avanzar en niveles de gloria pasando por alto la santidad de Dios. Vimos ya que los ángeles en Isaías 6 cantaban que la tierra está llena de su gloria, pero a la vez decían que Dios era tres veces santo. (Santo, Santo, Santo, toda la tierra está llena de tu gloria) Santidad y gloria, de hecho, a muchos no les gusta esa conexión.

Santidad tiene que ver con respeto, temor santo, honra, integridad, y entrega total. Santidad es el acto de ser cortado, arrancando y puesto aparte para el Señor, separado para un propósito santo y especial. Santo implica no contaminado con lo del mundo, con lo sucio, con lo abominable, con el pecado y lo endemoniado. Santidad es también cuando respetamos el altar de Dios. Aun como vestimos para llegar y ministrar al Señor no debe ser pasado por alto. Santidad tiene que ver con protocolo, lenguaje comportamiento, conducta, actitud. Aquí está la diferencia del mundo y del reino entre músicos y salmistas y adoradores.

Yo tengo problemas cuando para los salmistas del Señor le es igual tocar en un show de algún artista famoso pero que se sabe que es promiscuo en su vida sexual, aun en su identidad sexual, tiene lazos con la brujería o nueva era, es anticristiano y el domingo venir y tocar en la iglesia sin ningún problema. Pueden subir al altar de Dios, sin ningún conflicto, y solo verlo como un cambio de tarima. Ver solo música y música. Hay muchos músicos cristianos" que no se sujetan a su pastor e iglesia y andan arriba y abajo tocando en cuanto concierto le invitan por alguna ofrenda, pero sin testimonio, sin congregarse y sin vida espiritual. Yo puedo entender a un músico profesional – secular - que genere sus ingresos de esa vocación y se convierte al Señor versus el que es cristiano y ahora es músico. Y lo que añora es estar tocando en discotecas y fiestas, y para pasarlo bien, porque le gustan esos ambientes, porque lo pasión es tocar y no ministrar.

Tengo problemas cuando para algunos adoradores lo mismo es poner fotos en "Facebook" de eventos de la iglesia, donde ellos están ministrando, y al lado de esas fotos ponen otras en bikini, o en una fiesta bien mundana junto a dos botellas de licor. Tengo problemas con eso, pero para muchos salmistas de hoy, no hay ninguno conflicto. Es lo normal. Porque son salmistas "Saúl" que han nacido en una generación de música y tecnología, pero sin arca. Que producen un sonido agradable pero cónsono con el sistema mundo. El nuevo sonido de gloria de esta temporada exige santidad.

Para desatar la gloria del Señor en este tiempo necesitamos salmistas que aprendan a estar quietos en la presencia del Señor aprendan a oír y reconocer su voz.

No podemos producir el sonido de gloria de este tiempo si primero no lo oímos. No podemos ministrar efectivamente al Señor si primero no lo conocemos. Tenemos que empezar con aquietarnos y hacer silencio.

Vivimos en una época donde se glorifica el activismo, una generación de mucho movimiento, donde se nos hace difícil quedarnos quietos delante del Señor. Tenemos el síndrome espiritual de déficit de atención.

La palabra dice: "Estad quietos y conoced que yo soy Dios." (Salmo46:10) Recordemos que mucho movimiento no implica que estemos avanzando. Necesitamos que los salmistas aprendan a buscar la presencia del Señor en quietud y a solas. Los grupitos son buenos, uno los pasa bien. Pero no todo puede ser chiste, bromas, comentarios, "chinchorreo," fiesta, comida, vacilón. Tiene que haber un tiempo de calidad y de búsqueda constante de estar con el Señor. Que difícil se le hace al pueblo de Dios madrugar para buscarle, que difícil se nos hace atrasar unas horas de sueño para vigilar en la presencia del Señor. Pero nos fluye fácil si vamos de vacaciones y el vuelo o el crucero sale a las 3 de la mañana, o si sale a la medianoche. O si la pelea de campeonato es a la 1 de la mañana, o el concurso de Miss Universo termina a la medianoche.

Aun en el mismo culto a muchos se le hace difícil estar sentados y atentos siguiendo lo que está haciendo el Señor en su casa. Entramos y salimos, hablamos, nos movemos, jugamos con el celular, pero no podemos estar quietos. Dios quiere hablar a los salmistas de este tiempo, pero no están quietos. No apartan de manera intencional días de retiro para buscar su presencia como decía David en el Salmo 27:4:

> Una cosa he demandado a Jehová, ésta buscaré; que esté yo en la casa de Jehová todos los días de mi vida, para contemplar la hermosura de Jehová, y para inquirir en su templo.

Todo verdadero adorador entiende lo que David anhelaba y sabe detenerse para contemplar la hermosura del Señor. Es imposible contemplar e inquirir si hay inquietud, movimiento y prisa. Para poder contemplar tenemos que bajar la velocidad, detenernos, concéntranos, y enfocarnos. Tu no vas a un museo de artes con 20 minutos para tratar de poder ver y disfrutar las obras de arte que están allí. Tu no vas al museo solo por ir, pero para contemplar y disfrutar. No podrás apreciar los detalles, las técnicas, los ángulos si tienes prisa, y vas corriendo de sala en sala. Necesitas bajar los niveles, tener tiempo, detenerte y poder contemplar. Es en ese tiempo cuando bajamos los niveles de ansiedad y activismo entonces Dios nos hablará, compartirá con nosotros, y disfrutaremos de su presencia.

De igual forma debemos aprender hacer silencio delante de Él.

La mejor forma de escuchar es callarnos, haciendo silencio. Hablamos mucho, pero comunicamos poco. Mucho de lo que hablamos es irrelevante, superficial, de la carne o venimos a ser repetidores de cosas que hemos oído, pero no experimentado. Caemos en el síndrome de mucho ruido y pocas nueces, de címbalos que retiñen y nada más. Una generación cacofónica. La palabra dice: Jehová está en su templo calle delante de Él toda la tierra. (Habacuc 2:20) El silencio es parte vital de una buena comunicación. La estrategia del enemigo es ocupar nuestros oídos con información irrelevante o dañina a fin de que no escuchemos el sonido de gloria.

Samuel

La escuela del joven Samuel para aprender a ser sacerdote y profeta empezó cuando decidió callar y empezar a oír la voz del Señor. Samuel dormía al lado del arca, pero no conocía aun al Señor. Ministraba en el nombre del Señor, al lado del arca, pero aún no conocía al Señor. ¿No suena esto conocido? ¿No es cierto que esta condición aún se sigue dando?

> Y Samuel no había conocido aún a Jehová, ni la palabra de Jehová le había sido revelada.
> (1 Samuel 3:7)

Ni siquiera podía distinguir la voz del Señor de la del sacerdote Eli. De hecho, la única voz que si conocía era la de Eli. (sistema religioso) Pero el comenzó a oír el sonido de gloria cuando le dijo al Señor: Habla que tu siervo oye.

> Y vino Jehová y se paró, y llamó como las otras veces: Samuel, Samuel entonces Samuel dijo: Habla, porque tu siervo oye. (1 Samuel 3:10)

Job

Igual conclusión llegó el patriarca Job cuando le dijo al Señor "hablaba muchas cosas que no sabía, pero ahora habla tu y yo escucharé."

> Por tanto, yo hablaba lo que no entendía; cosas demasiado maravillosas para mí, que yo no comprendía. Oye, te ruego, y hablaré; Te preguntaré, y tú me enseñarás. De oídas te había oído; mas ahora mis ojos te ven. (Job 42: 3-5)

¡Qué difícil se nos hace callarnos, hacer silencio! Es una virtud en peligro de extinción. Nuestros labios tienen que ser tratados con el carbón encendido del altar, purificados, limpiados porque como el profeta Isaías nos encontramos ministrando con labios inmundos. ¿Podrá una fuente dar agua dulce y amarga a la misma vez? Necesitamos salmistas que tomen el tiempo necesario para oír la voz del señor, reconocerla, de manera puedan oír el sonido del cielo para que lo puedan activar en la tierra. Que cuando produzcan el sonido con sus voces e instrumentos en el plano espiritual se rompan cepos, caigan murallas, provoquen la lluvia, (y tiempo de prosperidad (Como el músico que tocaba el shofar anunciando el tiempo de jubileo.)

Necesitamos salmistas que sepan administrar el sonido de gloria.
La gloria traerá crecimiento, milagros, provisión sobrenatural, aceleramiento, como pasó cuando el arca estuvo tres meses en la casa de Obed Edom y fue prosperado en una manera sobrenatural. Obed Edom reconoció, honró y trató con cuidado el arca todo ese tiempo. Como resultado experimentó una prosperidad sobrenatural que bendijo a toda su casa, y todo lo que tenía. Y más aún bendijo a sus familiares y descendencia.

De modo que David no quiso traer para sí el arca de Jehová a la ciudad de David; y la hizo llevar David a casa de Obed-Edom geteo. Y estuvo el arca de Jehová en casa de Obed- Edom geteo tres meses; y bendijo Jehová a Obed-Edom y a toda su casa. Fue dado aviso al rey David, diciendo: Jehová ha bendecido la casa de Obed-Edom y todo lo que tiene, a causa del arca de Dios. Entonces David fue, y llevó con alegría el arca de Dios de casa de Obed-Edom a la ciudad de David. (2 Samuel 6:10-12)

Pero por otro lado el mal manejo o trato del arca provocó la muerte de Uza cuando este tocó inapropiadamente el arca del pacto rumbo a la ciudad santa. La gloria trae prosperidad, pero también puede traer muerte. El arca estaba supuesta a ser cargada por 4 sacerdotes consagrados y capacitados para esta tarea. Ellos sabían cómo mantener el balance cuando llegaran a la era de Nacón donde el tipo de terreno era irregular y los bueyes tendían a tropezar. Pero David pasó este importante punto por alto. En cambio, David nombró a los dos hijos de Abinadab (donde el arca había estado abandonada por un tiempo) Y colocó el arca en un carruaje nuevo, con Uza y Ahio al mando. Cuando el arca estuvo a punto de caer Uza extendió su mano para sostenerla y murió.

> Y David y toda la casa de Israel danzaban delante de Jehová con toda clase de instrumentos de madera de haya; con arpas, salterios, panderos, flautas y címbalos. Cuando llegaron a la era de Nacón, Uza extendió su mano al arca de Dios, y la sostuvo; porque los bueyes tropezaban. Y el furor de Jehová se encendió contra Uza, y lo hirió allí Dios por aquella temeridad, y cayó allí muerto junto al arca de Dios. (2 Samuel 6:5-7)

Uza murió porque había sido puesto en una posición para la cual no estaba capacitado, y que tampoco era su lugar. Hay muerte espiritual en el altar, en nuestras reuniones, en nuestros ministerios, a veces en la misma iglesia, porque muchas veces hay "Uza" posicionados, (fuertes, altos, talentosos) pero que no saben manejar el arca de la presencia de Dios. Desconocen el protocolo, la esencia del respeto, la honra, la reverencia, el cuidado. Gente equivocada en la posición equivocada. La falta no solo fue de Uza, pero fue también de David que lo posicionó en lugar donde no estaba preparado y no le pertenecía.

Como pastores y líderes hemos puesto en muchas ocasiones a la gente equivocada en el lugar equivocado y luego nos extrañamos que, en vez de avanzar, haya atraso, muerte y pocos resultados. Hemos sido muy livianos a la hora de subir gente al altar, posicionarlos, entregarles un micrófono para que guíen al pueblo en adoración cuando aún no saben ni siquiera las implicaciones de lo que están cantando. Esto tiene que cambiar no más Uzas. En el mover de gloria que viene, los "Uzas" serán removidos por salmistas que sabrán cargar en sus lomos la gloria, a menos que los "Uzas" reciban revelación y sean transicionados a salmistas. Se levantarán los Obed Edom de este tiempo que sabrán honrar la gloria del Señor. Ciertamente no es lo mismo Uza que Obed – Edom, no es lo mismo Uza que los cuatros sacerdotes, no es lo mismo Saúl que David.

Isaías

Se necesitan salmistas con labios purificados que tengan la marca del carbón del altar encendido del Señor como Isaías. Isaías como profeta transicionó de labios inmundos a labios purificados. De manera que produzcan con sus voces el sonido de gloria, y no sea simple cacofonía, ruido, o címbalo que retiñe, pero nada más.

> Entonces dije: ¡Ay de mí que soy muerto!, porque siendo hombre inmundo de labios, y habitando en medio de pueblo que tiene labios inmundos, han visto mis ojos al Rey, Jehová de los ejércitos. Y voló hacia mí uno de los serafines, teniendo en su mano un carbón encendido, tomado del altar con unas tenazas; y tocando con él sobre mi boca, dijo: He aquí que esto tocó tus labios, y es quitada tu culpa, y limpio tu pecado. (Isaías 6:5-7)

Se necesitan salmistas con ojos que tengan la marca de gloria, como le pasó a Saulo en el camino de Damasco cuando la gloria afectó sus ojos y quedó ciego. La gloria no solo afectará nuestros labios, pero afectará nuestra visión. La gloria le dio una nueva visión para que comenzara a ver lo nuevo del Señor. La gloria desatará la visión de este tiempo, recordemos que cosas que ojo no ha visto, ni oído ha escuchado, ni cosas que aún no han subido al corazón son las que Dios ha preparado para los que le aman. (1 Corintios 2: 9)

Necesitamos salmistas que produzcan sonido de gloria con sus instrumentos.

David sabia no solo tocar bien su instrumento, pero profetizar con su arpa. Producir un sonido que afectaba los aires espirituales, de manera que los espíritus que atormentaban al Rey Saúl, no lo resistían. Y simplemente se retiraban. Por eso cuando David formó su equipo de levitas y músicos que ministrarían 24/7 en el tabernáculo no solo buscó músicos que tocaran bien, pero que supieran profetizar con sus instrumentos. Quizás se ve igual, pero es bien diferente, a primera instancia parece un sonido igual, pero no lo es.

> Asimismo, David y los jefes del ejército apartaron para el ministerio a los hijos de Asaf, de Hemán y de Jedutún, para que profetizasen con arpas, salterios y címbalos; y el número de ellos, hombres idóneos para la obra de su ministerio, (1 Crónicas 25:1)

Porque David no solo quería músicos, pero quería músicos proféticos buscó a los hijos de Asaf, los hijos de Hemán, los hijos de Jedutún, hombres idóneos para este ministerio que fueran capaces de profetizar con arpas, salterios y címbalos. Necesitamos reclutar, preparar, y reactivar a los Asaf, los Hemán, los Jedutún de esta temporada. Que produzcan con sus instrumentos los sonidos que cambien atmósferas y desate la gloria de Dios. ¿Dónde están los que han de oír el sonido de gloria y como Pablo y Silas producirán ese sonido en medio de esta generación sin arca? Oremos fervientemente para que se vuelva a escuchar ese sonido de Filipos, de Jericó, del Aposento Alto en ese tiempo. Que se vuelva a escuchar en nuestras reuniones el sonido del viento recio, el sonido de la lluvia grande, el sonido del shofar del jubileo, el sonido de gloria. Oremos por los Pablos y Silas de este tiempo, por los Elías, por los David, los Asaf, Hemán y Jedutún y sus hijos de esta temporada. Amén.

SECCIÓN IV

Salmistas

Entonces uno de los criados respondió diciendo: He aquí yo he visto a un hijo de Isaí de Belén, que sabe tocar, y es valiente y vigoroso y hombre de guerra, prudente en sus palabras, y hermoso, y Jehová está con él.

1 Samuel 16:18

7 𝒮𝒶𝓁𝓂𝒾𝓈𝓉𝒶𝓈 : talento y carácter

Tenemos que reconocer que vivimos en la época de los talentos, de las habilidades, capacidades y dones e inteligencia. En la vida de la iglesia evangélica nunca se había visto tantos miembros talentosos, inteligentes y tan bien preparados teológica y académicamente. Pastorear hoy en día es un gran reto. Además, hay competencia entre las iglesias y pastores. Competencia en ver que iglesia tiene más miembros, mejor templo, mejores equipos, más ministerios, más exposición y mayores ingresos. Hay una cacería en el mundo secular en busca de talentos nuevos tanto en las artes como en los deportes. Y porque no decirlo también dentro del sistema religioso. Lo vemos en los diferentes espectáculos en la televisión en programas como: Buscando una estrella o la mejor banda, la belleza latina, la mejor voz, etc. Esto, por sí solo no es malo, porque los talentos son necesarios y tienen un impacto cuando se usan bien. Definitivamente los miembros de un equipo de adoración (músicos, cantantes, danzores) deben ser personas talentosas. En última instancia los talentos y dones lo dio el Señor. Eso dice Santiago 1:17.

> Toda buena dádiva y todo don perfecto desciende de lo alto, del Padre de las luces, en el cual no hay mudanza, ni sombra de variación.

Talentos

Déjame enseñar algo sobre los talentos. Podemos definir a una persona talentosa como una persona inteligente (capaz de entender) y apta (capaz de desempeñarse) para realizar una determinada ocupación o tarea con efectividad. Habilidad es la capacidad, disposición, gracia y destreza con que las personas ejecutan ciertas tareas. Hay una gran diferencia en el resultado, si un trabajo de conexión eléctrica es realizado por un chef de cocina o si una cena de gala para 100 personas es confeccionada por un perito electricista. Créeme que los resultados serán diferentes y fáciles de identificar. Un equipo se beneficiaría en gran manera, si en cada posición tuviera personas capaces de entender y desempeñarse con gracia y destreza. Definitivamente no es la mejor experiencia oír cantando a gente desafinada y sin ritmo acompañada por personas que no dominan su instrumento. Cuando examinamos la palabra vemos que nos dice que David era un músico que sabía tocar bien. Esto implica que David tomó tiempo para practicar hasta dominar su instrumento.

> Entonces uno de los criados respondió diciendo: He aquí yo he visto a un hijo de Isaí de Belén, que sabe tocar, (1 Samuel 16: 18a)

No estoy de acuerdo con esa frase que suena muy espiritual: "Hermanos voy a cantar un himno lo bueno para Dios y lo malo para ustedes." No querido hermano, si no suena bien, no toque y déjelo en manos de personas que tengan el talento, la virtud y el dominio de ese arte. El reto que tenemos es que al talento hay que añadir carácter, en nuestro lenguaje cristiano: testimonio, vida espiritual, madurez. Talento solo no es aceptable no importa cuán bien se oiga o con cuanta pericia toca su instrumento.

Este aspecto es importante en el Reino de Dios, a diferencia del sistema mundo donde los músicos y artistas no se les exige en sí que tenga una vida moral aceptable, es suficiente que tengan grandes talentos. Sus habilidades le abren camino y los conecta con el éxito. Muchos de ellos, (no todos) de los artistas más famosos a través de la historia han sido adúlteros, han tenido problemas con su identidad sexual, tienen una filosofía de la sexualidad que no es bíblica, han usado drogas, practican el espiritismo, aun la brujería. Algunos han estado presos, han estado conectados con la mafia, otros son ateos. (repito no todos, otros tienen una vida moral aceptable) Pero a pesar de todo lo anterior aun así tienen fanáticos, venden sus grabaciones y sus conciertos se llenan y son ricos. Sus fanáticos o audiencia lo que están interesados es en sus habilidades, no en su vida personal o privada. Pero no es así en el Reino de Dios, no es así en el ministerio de adoración y en las artes del Reino. Repito: los talentos y habilidades son importantes en el Reino, pero el carácter o vida espiritual del adorador no puede jamás ser pasado por alto. No puede ser opcional. Debe ir de la mano del talento, son gemelos, es una combinación exitosa.

EL pastor Bob Kauflin en su libro **_Nuestra Adoración Importa_** dice al respecto:

> Los músicos del mundo pueden interpretar buena música cuando están en el escenario, y vivir vidas totalmente decadentes, pero los líderes de adoración no tienen esa opción. Dios quiere que nuestra conducta sea un ejemplo para otros. Si nuestra vida no respalda lo que proclamamos cada domingo, no solamente estamos engañando a la iglesia; estamos dando una imagen falsa del Dios al que decimos adorar. No quisiera que las personas que me ven dirigiendo públicamente se sorprendan por la manera como vivo en privado. No son los cantos los que definen mi adoración, es mi vida.

El pastor Kauffin utiliza el texto de 1 Timoteo 4:12 para aplicarlos a los miembros del equipo de adoración.

> Ninguno tenga en poco tu juventud, sino sé ejemplo de los creyentes en palabra, conducta, amor, espíritu, fe y pureza.

En este texto el apóstol Pablo aconseja al joven pastor Timoteo a ser un ejemplo a los creyentes en palabra, conducta, amor, fe y pureza. Para el los que dirigen la adoración, no se pueden eximir de ese estándar bíblico. Las personas nos están mirando no solo los domingos, pero alrededor de la semana. El advierte acerca del lenguaje del adorador, (nuestras palabras) no solo las que decimos en el altar, frente a la congregación, pero las palabras que decimos en las redes sociales, y en nuestras conversaciones informales y privadas. Él dice:

> Si nuestras palabras son necias, sensuales, pecaminosas durante la semana, es difícil que las personas nos tomen seriamente cuando de pronto nuestras bocas se llenan de alabanzas a Dios los domingos en la mañana.

Y añade:

> Si dirigir la adoración fuera solamente un asunto de lo que hacemos los domingos, este libro fuera innecesario. Pero dirigir la adoración inicia con la manera en que vivo mi vida, no con lo que hago solo en público. Por lo tanto, si tu matrimonio está en crisis, tus hijos en rebelión, si estas atado a la pornografía, si te enfureces fácilmente, si tu hablar es sucio o si estas involucrado en cualquier otro

143

patrón de pecado busca ayuda inmediatamente. Recuerda: "El que encubre su pecado no prosperará, pero el que los confiesa hallará misericordia."

Mejor dicho, imposible. Vimos ya que en el perfil de David estaba que sabía tocar bien, pero también dice que Jehová estaba con él. ¡Aleluya! Hay muchos en nuestros altares que tocan bien, pero no sabemos si Jehová está con ellos.

> Entonces uno de los criados respondió diciendo: He aquí yo he visto a un hijo de Isaí de Belén, que sabe tocar, y es valiente y vigoroso y hombre de guerra, prudente en sus palabras, y hermoso, **y Jehová está con él.** (1 Samuel 16:18)

Muchas veces hemos sido muy laxos y descuidados a la hora de seleccionar a nuestros músicos y cantantes. Nos hemos quedados impactados por sus capacidades histriónicas al punto que pasamos por alto el nivel de su vida espiritual. Ante la presión de tener vacantes en el área de la música o adoración, hemos bajado esos criterios y aceptado a personas talentosas, pero de dudosa vida espiritual. Con la meta de tener buenos intérpretes de la música hemos bajado los estándares de lo que esperamos de un salmista. Ciertamente tenemos un sonido agradable al oído, pero sin poder en el mundo espiritual. Algunos saben tocar bien, pero ¿Jehová esta con ellos?

A su vez vemos el cuidado que tomó David a la hora de establecer el ministerio de adoración en el tabernáculo. No fue una designación o selección arbitraria, rápida, con pocos criterios o requisitos. Vimos que los criterios no se redujeron al área de la música o la ejecución correcta de los instrumentos. Se tomó en cuenta el carácter y vida espiritual del músico. David sabía que había una conexión entre el carácter, compromiso y su relación con el Señor del músico y la excelencia del ministerio de adoración.

> Asimismo, David y los jefes del ejército apartaron para el ministerio a los hijos de Asaf, de Hemán y de Jedutún, para que profetizasen con arpas, salterios y címbalos; y el número de ellos, hombres idóneos para la obra de su ministerio. (1 Crónicas 25:1)

El buscó que fueran "idóneos" para la obra de ese ministerio. No cualquier músico, pero que fueran hombres idóneos para la tarea. Al pensar en reclutar los músicos uso como medida o criterios a nivel de un ministerio como si fueran sacerdotes. Tocar y cantar al Señor, para David era un ministerio. No un entretenimiento, no "quemar fiebre," no un trabajo, no un favor que le hacemos al pastor: pero un ministerio. Para poder profetizar con los instrumentos, se necesita no solo ser buen músico, pero ser un verdadero adorador que adore en espíritu y en verdad, va a necesitar fluir bajo la unción profética. Esto es mucho más serio de lo que pensamos. La muerte de Uzas en su trato equivocado con el arca del pacto, le acabó de confirmar a David la seriedad del ministerio de adoración y música. Él puso mucho cuidado en esa selección.

El texto dice también que el apartó para ese ministerio a los hijos de Asaf, Hemán, y Jedutún. Apartar es otra palabra para consagración, santificación. De manera que David entendía que no era simplemente tocar bien, los músicos porque al ser apartado para la obra del ministerio, vendrían a ser ministros del Señor. Hoy hemos descuidado ese proceso de identificar, filtrar, capacitar y apartar a los salmistas de este tiempo.

Carácter
Hablemos del carácter del salmista. Si es un ministerio, su carácter cuenta ahora más que nunca. El carácter tiene que ver con lo que creemos, con valores, con lo que pensamos, sentimos, hablamos y hacemos. Tiene que ver con integridad, lealtad y compromiso. El carácter exige que nuestras acciones vayan a la par con nuestras palabras. El carácter es clave porque establece límites hasta dónde podemos llegar y qué hacer.

Es un peligro asignar una posición a personas con un carácter deficiente. Una persona con carácter sólido es aquella que ha aprendido a auto controlarse y a tener cuidado de sí misma. La mayor victoria de una persona es la que obtiene sobre sí misma. Hay una diferencia entre talentos y carácter. Por ejemplo:

- Los talentos y dones son regalos que recibimos, pero el carácter es una elección, uno tiene que ser formado en el mismo.
- Los talentos y el carisma es la razón para que nos contraten. La falta de carácter es la razón por la cual nos despiden.
- El talento te lleva a la cima, pero el carácter te sostiene en la cima.
- El carácter es como un pedestal. Si el pedestal es como un palillo de dientes, podrá sostener un sello de correo, pero si es como una gran columna, entonces podrá sostener un techo.
- La gente talentosa es un regalo al mundo; el carácter viene para proteger ese regalo.
- El carácter sólido protegerá los talentos y sostendrá a la persona talentosa en el tiempo difícil.
- Muchos sólo se ocupan de maximizar sus talentos descuidando el desarrollo de su carácter.

- Las crisis no necesariamente forman tu carácter, sino que lo revela.
- Carácter tiene que ver con integridad que es el alineamiento de los valores, pensamientos, sentimientos y acciones de la persona. Todo lo que hace en las diferentes áreas es consistente.
- El carácter tiene que ver con valores; con todos los principios morales, éticos y espirituales por los que la persona vive y toma decisiones día a día en todas las áreas.
- La persona con carácter tiene claro quién es, lo que quiere y a dónde va.

Si los músicos y cantantes no hay profundizado en su vida espiritual, en su relación con el Señor no podrán dirigirnos a ir más arriba en búsqueda de un nuevo nivel de gloria. Y menos ayudarnos a adorar al Señor en espíritu y en verdad. Pues no pueden llevarnos a donde ellos no han ido. En el sistema mundo las personas rinden honra y adoración al cantante o músico, pero en el Reino los salmistas se encargan de darle la honra al Señor y no tomarla para ellos. A veces se cuela ese "espiritico" en nuestras iglesias, y vemos protagonismo, búsqueda de reconocimiento o hacerse de un nombre. A muchos su ego se les sube porque sus talentos le han abierto puertas y ahora son famosos. Esta tensión no es exclusiva de ellos, es lo mismo para todos los líderes del Reino, sean apóstoles, pastores o profetas. En el Reino el importante es el Señor y su voluntad. La tarea del salmista es levantar y exaltar el nombre del Señor.

Marcos Witt, músico, compositor y adorador, escribió un libro mucho tiempo atrás llamado **_¿Qué hacemos con estos músicos?_** pero creo que aún sigue siendo pertinente y una lectura obligada a los salmistas de hoy. (El nombre del libro lo dice todo) El comparte que los músicos son muchas veces dolores de cabeza de los pastores o en las iglesias (no todos por favor) Los músicos hay que entenderlos, son artistas, creativos, libres, informales, no les gusta mucho el protocolo, no caminan por la misma senda que el resto del liderazgo, no les gusta que le digan que tienen que hacer, se les hace difícil seguir instrucciones.

Su mundo es la música, todo gira alrededor de la música e instrumentos. Pueden estar horas y horas sin cansarse y sin darse cuenta del tiempo que pasa. Esto no está mal en sí, pero a la hora de seguir instrucciones, obedecer, orar, estudiar la palabra, concentrarse en otras cosas que no sea la música a muchos se les hace muy difícil. (no imposible, difícil) Usted hace una vigilia de oración e invita a un equipo de adoración a que participe, toquen y canten, vienen. Pero si los invita sólo para orar, estudiar o vigilar, bueno...

Los músicos tienden a competir entre ellos, (peleítas) quien toca, porque él y no yo, porque le dieron el solo a él, y no a mí. Gustan de amanecerse y claro tienen problemas para madrugar. Muchos no toman en cuenta su vida espiritual como toman en cuenta practicar su instrumento. Por eso muchos espiritualmente son niños. (no todos) Volubles, inestables, explosivos, inmaduros (no todos).

Tengo que decir que conozco muchos salmistas, cantantes, músicos, adoradores, que ya han superado esa dimensión. Son hermosos siervos de Dios que bendicen cada semana a sus congregaciones, pues tienen el carácter del salmista del Reino y han tomado en serio el ministerio de adoración. Dios los está usando para producir nuevos salmistas de este tiempo y para provocar el sonido de gloria.

Vida espiritual

El buen testimonio es un requisito de todo cristiano y más aún si es líder y ocupa posición en el altar. Se espera entonces que un salmista cuide y cultive su vida espiritual. Esto implica que separa tiempo para buscar el rostro del Señor incluyendo tiempo de oración formal, íntimo y diario. Implica que amen la palabra del Señor, la lean, la estudien, y la vivan. Como decía el salmista: En mi corazón he guardado tus dichos para no pecar contra ti (Salmo 119:11).

Vida espiritual implica que no tengan doble vida, que doquiera que vayan sean como luminares en medio de una generación perversa y maligna. (Filipenses 2:15) Aun esto implica su forma de vestir. Es reconocer que hay un protocolo no solo de conducirse, pero de vestir. Esto no significa ropa cara, ni gabán ni corbata necesariamente. Creo que los jóvenes pueden vestir al estilo de la juventud, pero eso no significa que no haya parámetros en el área de vestir. Por el hecho de no ser legalista, no significa permiso para ser libertino, ni para obviar lo que la misma palabra dice de vestir con decoro. Si aún tomamos cuidado como vestir a la hora de ir al trabajo, a una entrevista, a la sala de un juez, a un funeral, a una cita importante, ¿Por qué pasar por alto este punto a la hora de congregarnos en la casa del Señor? El altar por definición es un lugar alto, más alto que el resto de la nave. Desde ahí todos nos ven, y todo se ve. Implica un código más alto. Nuestra apariencia física importa, tiene un nivel de impacto, no es el más importante, pero es parte del todo.

Cuando Adán y Eva pecaron se dieron cuenta de que estaban desnudos y su primer paso fue buscar algo para cubrirse. Cuando el Señor los encuentra, una de las cosas que hace es ocuparse de que se vistan bien, y le da un mejor vestido. El pecado y el enemigo desviste, el Señor nos cubre y nos viste, por dentro y por fuera. Tenemos que cuidarnos porque si darnos cuenta nuestros vestidos pueden ser de toque erótico, sensual, que inviten a pensamientos desordenados y lujuriosos, o simplemente llama tanto la atención, que distrae a la audiencia. A veces como vestimos viola la intimidad. Un poco de juicio y decoro a la hora de presentarnos en el altar de Dios para ministrar en su nombre no hace mal a nadie, al contrario, nos ayuda a concentrarnos no en la persona, pero en el mensaje. Las modas no son malas ni pecaminosas automáticamente, solo que algunas no son apropiadas para ciertos lugares y otras no son apropiadas nunca porque envían un mensaje contrario a nuestra fe y convicciones cristianas.

No debemos olvidar que nuestro cuerpo físico también pertenece al Señor, fue comprado a precio de sangre y Él lo convirtió en su templo o morada favorita. Es cierto que se puede vestir decorosamente y a la vez tener un corazón maleado y vacío. Pero eso no justifica ignorar el principio del decoro al vestir. Creo que lo interno y lo externo pueden parear y vivir por la misma fe.

> ¿O ignoráis que vuestro cuerpo es templo del Espíritu Santo, el cual está en vosotros, el cual tenéis de Dios, y que no sois vuestros? Porque habéis sido comprados por precio; glorificad, pues, a Dios en vuestro cuerpo y en vuestro espíritu, los cuales son de Dios. (1 Corintios 6:19-20)

Buen testimonio implica también que amen a su iglesia, conozcan la visión de la casa y la respalden en todo. Es respetar, reconocer y tener en alta estima a sus pastores principales y las demás autoridades de la iglesia. La palabra nos exhorta a reconocer y tener en alta estima a nuestros líderes espirituales. Sujeción y obediencia, honra y honor a las autoridades espirituales es parte de lo que distingue a un hijo de Dios. A veces hay relaciones tensas, negativas, disfuncionales, no apropiadas entre pastores y salmistas, y entre los mismos salmistas. La falta de respeto es inaceptable y no tiene ninguna justificación. No puede haber salmistas malcriados, desobedientes, indiferentes, burlones, que asuman esa postura hacia sus líderes. Y a la vez pretender producir el sonido de gloria y bajar la gloria.

> Os rogamos, hermanos, que reconozcáis a los que trabajan entre vosotros, y os presiden en el Señor, y os amonestan; y que los tengáis en mucha estima

y amor por causa de su obra. Tened paz entre vosotros. (1 Tesalonicenses 5:12-13)

Hay que tener cuidado con músicos y salmistas que levantan su propia agenda para tocar y cantar en diferentes lugares pasando por alto la consulta y permiso de su pastor. No lo consideran importante o necesario. Algunos dicen: "ese día no hay reunión en la iglesia, o "es después del culto", o "este es mi ministerio, así que nada me impide asistir". Pero nada de eso es válido para no dar cuenta de esas salidas. En última instancia el mensaje que se manda es que yo soy independiente, yo tengo mi ministerio, yo decido cuando y en dónde. De manera que van por las iglesias sin cobertura, por su cuenta. Pregunto ¿Se agrada Dios de eso?

Ya no hay mucho protocolo de primero informar y consultar antes de aceptar la invitación. Las cartas y las llamadas de las personas que invitan pasaron de moda, porque el salmista o predicador de antemano le dice, no hay problemas ahí estaré. Es triste ver como abandonan los eventos y reuniones de su casa, poniéndolas en segundo lugar, por debajo de otros compromisos.

Buen testimonio implica que los salmistas sean diezmeros y ofrendadores regulares de la iglesia.

Ya mencionamos antes como muchos no tienen problemas con llegar a adorar con manos vacías, teniendo la capacidad de traer su ofrenda. Los músicos le gustan tener buen equipo, y a quien no. Una iglesia que tome en serio el ministerio de música no le pesará comprar y tener un buen equipo de sonido, micrófonos, amplificadores, teclados, consolas, bocinas. Ellos lo quieren, lo necesitan y lo demandan de la iglesia.

El problema es que el dinero de la iglesia viene de los hermanos que diezman y ofrendan. Es con ese dinero que se compra todo. Entonces ¿Cómo puedo querer que la iglesia compre equipo con las ofrendas y a la misma vez pudiendo ofrendar y diezmar no lo hacemos? Estos cambios son necesarios, se necesita cambiar esa cultura de los músicos.

David era un salmista, pero también era un dador del Reino. En una ocasión dio una ofrenda de millones para la construcción del templo. Siendo rey podía haber usado el dinero del reino para sufragar los gastos de construcción, pero él no se escudó en esa opción, y como era dador, dio de lo suyo; mucho y con alegría. No sé cómo es posible que adoradores (músicos y salmistas) vayan semana tras semana a la iglesia a adorar a Dios, y lleguen con manos vacías.

En última instancia lo que estamos diciendo es que el carácter del salmista lo situará en una posición de ser no solo adorador, pero un verdadero adorador. Que adorarán al Padre en espíritu y en verdad, conforme Juan 4:23-24. Tocar bien y carecer de un buen testimonio puede reducirnos de verdaderos adoradores al nivel de adoradores. Puede reducirnos de adorar en espíritu y en verdad, a solamente adorar o simplemente cantar o tocar. Reducirnos a adorar al nivel de labios, pero con un corazón lejano al Señor. Dios nos libre de esa condición. El llamado no es solo adorar, es adorar en espíritu y en verdad.

> Mas la hora viene, y ahora es, cuando los verdaderos adoradores adorarán al Padre en espíritu y en verdad; porque también el Padre tales adoradores busca que le adoren. Dios es Espíritu; y los que le adoran, en espíritu y en verdad es necesario que adoren.

Conclusión

¿Podremos desatar el nuevo sonido de gloria de este tiempo sin salmistas al estilo de David y Asaf? ¿Nos confiará el Señor un vislumbre de su gloria a adoradores descuidados, carnales, inmaduros? Hay una gran urgencia:

- De salmistas que adoren en espíritu y en verdad. Salmistas que toquen bien pero que tengan carácter. Aún más que sepan profetizar con sus voces e instrumentos.
- De salmistas que entren por las puertas de alabanza, y progresen al lugar de adoración, trayendo su alabastro y se postren a los pies del Señor.
- De salmistas como la amada de Cantares, que atisbe entre las ventanas esperando la llegada de su amado. Que avancen con pasión y hambre para provocar el ámbito de gloria.
- De salmistas que escuchen en su espíritu el sonido de este tiempo, y puedan liberar el sonido de gloria.

- Que sean parte de este movimiento que ya ha iniciado y no se detendrá.

Queremos ser parte de ese momento donde toda la tierra será llena del conocimiento de la gloria del Señor, conforme profetizó Habacuc. Que provoquen una transición a una gloria mayor conforme profetizó Hageo. Alabemos al Señor hasta que entremos en adoración, sigamos adorando hasta que descienda la gloria del Señor y esperemos grandes cosas del Señor. Que suene el nuevo sonido, que nuestra adoración se una al cielo, y el cielo visite nuestra tierra. Amén.

Quiero compartirles al final de este capítulo una hoja de descripción de requisitos y responsabilidades para el equipo de adoración. La misma fue preparada por el pastor Rafael Luis Osorio. El plan serio discutir la misma con todos los miembros del equipo de adoración, analizarla, clarificar preguntas, y entonces que cada miembro pueda firmarla como testimonio de su compromiso. Esta hoja provee dirección al equipo de lo que se espera de cada uno y a la vez sirve de herramienta de evaluación.

IAR SPRINGFIELD WORSHIP LEADERSHIP MINISTRY COMMITMENT FORM

I, _____, (print full name) commit to attend the services of IAR Springfield the days required (Sunday's, Tuesday's, (Fridays for youth) and other days as announced). I understand that my Ministry and responsibilities play a critical role in the ministry of the church and my commitment and consistency is necessary.

Accountability of Commitment to the Ministry

Initial in area provided.

1. As a member of IAR Springfield, I will nurture my spiritual life by devoting to commit to daily devotions with the Lord, in prayer, study of the word, and worship. I will abstain from all that will separate me from Him. _____

2. As a member of IAR Springfield and the worship ministry, I will fully support the vision of the house, my spiritual leaders, and operate at all times in respect and humility. _____

3. As a member of IAR Springfield, I will maintain unity in the ministry by:

a. **Maintaining a positive attitude**: I will be a source of unity and not strife. I will be a problem solver and not an obstacle. I will demonstrate Christ in every interaction, even challenging ones.

_____

b. **Being responsible with my gift:** I will continually seek to improve my craft, by continually looking for methods of instruction and development. I will develop a proactive practice habit.

_____

c. **Treating others better than myself.** I will respect my brother and sister in the ministry. I will not speak ill against my ministry members, but hold them in high regard. If I have a disagreement or conflict, I will speak with my brother and sister, and seek peace and reconciliation. If this is not achieved. I will seek the pastor of the ministry to help resolve the matter. I will not minister with resentment, anger, bitterness, ridicule, frustration, or any other negative attitude in my heart.

_____

4. As a member of IAR Springfield, I will support the ministry by being consistent and faithful with my tithing's and offerings. _____

5. As a member of IAR Springfield, I will provide information in the event that I am invited to minister anywhere outside of IAR Springfield. Pastor will provide guidance on what the next steps should be. _____

6. As a member of IAR Springfield, I will arrive in a timely manner to our services: (9:15-9:30am, Sunday's) (6:45pm-Tuesday's) _____

7. As a member of IAR Springfield, I will communicate with my leaders (pastors) if I need to be absent. _____

    a. Members that have employment conflict on a service day are excused by providing a work schedule. _____
    b. Members in college classes are excused by providing a schedule of college classes. _____
    c. Absenteeism due to being ill, vacations, or others circumstances, please email Pastor with the details. _____

Reading this document please revise all and consider if this is for you, and if according to these terms you are able to commit to the ministry standards. By signing this document you are committed to be in a process of evaluation for the remainder of 2017 to see if standard given is met. Your willingness to abide and meet them standards above will allow you to be a member of the ministry of IAR Springfield.

Evaluation date frame:

(Start Date) _____

(End Date) _____

(Please sign full name)

_____
(Member)

_____
(Supervising Pastor)

Datos del Autor

El Apóstol Dr. Rafael Osorio acaba de cumplir 40 años de ministerio. Está casado con la apóstol Loyda. Tiene dos hijos, Idaelis y Rafael Luis; y cuatro hermosas nietas, Kiana, Vicky, Sofía y Aria.

Es presidente fundador de RIAR – Red internacional Apostólica Renovación con sede en Springfield, Ma, E.U. Da cobertura alrededor de 30 iglesias en América del Sur, América Central, el Caribe y Norteamérica. De igual forma es fundador y rector de U.A.R. (Universidad Apostólica Renovación) Centro de capacitación de líderes en las naciones) Actualmente también es el pastor principal de la Iglesia Apostólica Renovación en Rio Grande, P.R.

Es autor de varios libros a saber: *Como águila seré, Moviéndonos a un nuevo nivel, 8 principios poderosos para impulsar tu proyecto.* Próximos a salir están: *La nueva generación y la paternidad espiritual, Sinergia: haciendo iglesia como equipo, Como tener libertad financiera y Administración 101.*

El apóstol Osorio es graduado de la Universidad de Puerto Rico con un bachillerato en Pedagogía y

Artes con concentración en música. Tiene una maestría en divinidad del Seminario Evangélico de Puerto Rico. Estudios graduados de la Escuela Teología Andover-Newton en Boston, Ma. (supervisión de ministerios) y un doctorado en ministerio de Visión University Chicago, Illinois.

Junto a su llamado pastoral y apostólico desde pequeño estudio música y se desempeñó como organista, director de coro y banda, maestro de música en su iglesia en Medianía Alta y Loíza, Puerto Rico, así como en otras iglesias. Fue maestro de coro y banda en las escuelas públicas de Puerto Rico. Mientras pastoreaba en IAR Springfield fue el director musical de la iglesia por muchos años. Ha escrito muchos himnos de alabanza y adoración algunos de los cuales han sido grabados. Ha ofrecido diferentes cursos y conferencias en el área de música y adoración tanto en iglesias como en universidades.

Este libro es el producto de una serie de conferencias y estudios bíblicos que ofreció en IAR Rio Grande y que se va a ofrecer en las diferentes iglesias que pertenecen a RIAR. La meta del libro es clara: poder entender mejor nuestro llamado como adoradores a fin de que podamos adorar en espíritu y en verdad a nivel congregacional. Creyendo que la alabanza y la adoración, salmistas y profetas provocarán junto a todos los adoradores el próximo mover de gloria de este tiempo. Anhelamos más de su presencia y de su gloria, tal y como David decía en el Salmo 63:1-3:

"Dios, Dios mío eres tú; de madrugada te buscaré; mi alma tiene sed de ti, mi carne te anhela, en tierra seca y árida donde no hay aguas, para ver tu poder y tu gloria, así como te he mirado en el santuario.

Bibliografía

Kaufin, Bob, *Nuestra Adoración Importa*
Editorial B&H, Nashville, TN.

Ward Rut, *Gloria*,
Editorial McDouglas, Hagerstown, MD

Marcos Witt, *¿Qué haremos con estos músicos?*
Editorial Betania, Miami, FL.

Todas las citas bíblicas son versión Reina Valera –
Sociedad Bíblica Americana

Desatando
el nuevo
sonido de

Gloria

para esta
temporada